수운선집

수운선집

용담유사 · 동경대전

김인환 역주

KOREA
UNIVERSITY
PRESS
고려대학교
출판문화원

책머리에

대학원에 다닐 때 나는 조교로 교양국어연구실에서 일했다. 건너편에는 2014년 7월에 세상을 뜨신 한국 최고의 후설 연구가 이선관 형이 교양철학연구실 조교로 있었고 같은 해 유월에 돌아가신 대선배 실존철학자 황문수 선생이 그 연구실에 자주 들르셨다. 명동에 있던 한국사상연구소에 황문수 선생을 따라가서 이광순 선생(1918-1980)을 처음 뵈었다. 『한국사상』이란 학술 잡지를 내고 있던 한국사상연구소는 천도교의 지원을 받아 이광순 선생이 운영하던 국내의 유일한 한국사상 연구 단체였다. 회장은 박종홍 교수였는데 후에 책으로 나온 『한국철학사(고대편)』를 『한국사상』에 연재하고 있었다. 이광순 선생을 만나 뵈온 후부터 나도 모르게 수운(1824-1864)을 좋아하게 되었고 「용담유사의 내용분석」이란 논문을 쓰게 되었는데 이것이 석사 논문 이후 나의 첫 논문이었다. 그렇게 일찍 동학을 가르쳐주셨는데 동학에 대해 제대로 된 책 한 권 낸 것이 없으니 저승에 이민 가서 선생을 뵐 면목이 없다. 『용담유사』의 판본 연구도 해보고 싶고 『수운평전(水雲評傳)』도 써보고 싶으나 새로운 계획을 세우기에는 힘겨운 나이가 되었다. 고심 끝에 1978년에 낸 『최제우작품집』(형설출판사)과 1994년에 낸 『동학의 이해』(고려대출판부)를 읽기 쉽게 다시 손질하여 정리한 것이 이 책『수운선집(水雲選集)』이다.

수운의 초명은 제선(濟宣)이고 아명은 복술(福述)이며 자(字)는 성묵(性默)이다. 1859년에 이름을 제우(濟愚)로 고치고 스스로 호를 지어 수운(水雲)이라 했다. 우리나라 최초의 노비 해방자로서, 여자와 아이를 하느님으로 존중한 인권운동가로서, 봉건주의에 대한 반항자이며 침략주의에 대한 항거자로서 그리고 무엇보다 토착 민주주의의 창시자로서 우리는 수운 최제우(崔濟愚)의 역사적 위상을 늘 새롭게 확인해 보아야 한다. 수운의 역사적 의미는 이미 고정된 과거가 아니라 현재 우리가 어떻게 행동하느냐에 따라 변화하는 미래의 사건이다.

나는 하느님과 참사람과 길벗에 대한 믿음이 우리 삶의 전제가 된다고 생각한다. 악마에게도 배울 것이 있겠지만 만일 악마가 하느님보다 강하다면 세상은 이대로 존속할 수 없을 것이다. 하느님이 악마보다 조금이라도 더 강하니까 세상이 무너지지 않고 유지될 수 있을 것이고 하느님이 세상의 근거가 되기 때문에 비록 이루어지지 못할지라도 우리의 간절한 기도가 의미를 가질 수 있을 것이다. 저만 앎이 없는 참사람을 믿지 않으면 우리는 저밖에 모르는 것이 당연한 삶의 태도라고 생각하고 행동하게 된다. 부처님을 참사람으로 믿는 것은 저밖에 모르는 사람과 저만 앎이 없는 사람 사이의 어디에 나의 위치를 설정하게 함으로써 노예의 자리나 독재자의 자리에서 비켜설 수 있게 한다. 세상에서 만난 사람들 가운데 그와 함께 같은 길을 걷고 싶은 사람을 길벗 또는 길동무라고 한다. 어떤 사람에게는 스승이나 선배가 길벗이 되고 어떤 사람에게는 친구나 동료가 길벗이 되고 어떤 사람에게는 제자나 후배가 길벗이 된다. 길벗을 만나지 못한 사람은 할 일과 갈 길을 찾는 데 어려움을 겪게 된다. 동학 공부를 통하여 나는 정신의 위기를 극복하고 존재의 근거에 대한 신뢰를 회복할 수 있었다.

1989년 12월에 나는 영국 캠브리지에 있었다. 아내가 학기를 끝내고 2월 말에야 아이를 데리고 올 수 있었기 때문에 석 달 가까이 혼자 있어야 했다. 처음 간 이국에서 나는 모든 일에 서툴렀다. 연구소에 가서 인사하기도, 집을 구하기도, 아이의 학교를 정하는 것도 어느 것 하나 자신이 없었다. 그때 나는 이국의 거리를 걸으면서 동학 주문을 외웠다. 어느날 주문을 열심히 외우고 있을 때 갑자기 마음의 평화가 찾아왔다. 주위의 나무들이 비로소 아름답게 보였다. 그 후로 모든 일이 쉽게 풀렸다. 밀튼 로드에 방 세 개 딸린 집을 구했고 체스터튼 커뮤니티 칼리지의 해드윅 교장을 만나 아이의 학급도 정했다. 한국어 강의를 맡아달라는 동양학부 코니츠키 교수의 부탁은 굳이 거절했다. 강의를 하기 싫어서 영국에 왔다고 대답했으나 사실은 영어로 강의할 자신이 없었기 때문이었다.

정직하고 관대한 마음과 단순하고 소박한 바탕을 지키기 위한 자기 훈련의 방법을 수운은 "시천주 조화정 영세불망 만사지(侍天主 造化定 永世不忘 萬事知)"라는 열 석자 주문으로 요약하였다. 주문이란 원래 그 한 자 한 자에 헤아릴 수 없는 뜻이 들어 있어서 그것을 외우면 일체의 장애를 제거할 수 있고 크나큰 이익을 얻을 수 있다고 하는 글이다. 그러나 "훔치 훔치 / 태을천 상원군 / 훔리 치야 도래 / 훔리 함리 사파하"라는 증산의 주문과 비교해 볼 때 "하느님을 모시면 신비가 체득되고 하느님을 길이 잊지 않으면 만사가 이해된다"는 수운의 주문은 알 수 없는 의미가 포함되어 있지 않은 기도문이다.

> 시(侍)라는 것은 안에 신령이 있고 밖에 기화(氣化)가 있어서 온 세상 사람들이 각각 옮기지 못할 것을 앎이다. 주(主)란 그 존경함을 이름이니 어버이와 한가지로 섬기는 것이고, 조화(造化)란 작위가 없이 저절로 화육(化育)함이고, 정(定)이란 그 덕에 합치하여 그 마음을 바르게 정함이다. 영세(永世)라는 것은 사람의 평생이요, 불망(不忘)이라는 것은 티없이 곱게 생각한다는 뜻이다. 만사(萬事)라는 것은 수의 많음이요 지(知)라는 것은 그 도를 알아서 그 슬기를 믿음이다.(「논학문」)

하느님을 모시는 일은 온 세상 사람들이 각각 옮기지 못할 마음 바탕을 티없이 곱게 간직하는 행동이다. 제 안에 있는, 옮길 수 없는 것은 바로 단순과 소박이고 정직과 관용이다. 하느님의 뜻과 서로 통하는 자신의 단순하고 소박한 마음 바탕을 어버이처럼 섬김으로써 체득되는 신비란 정직하고 관대한 사람이 느끼는 크나큰 환희이다. 영국에서 주문을 외우면서 나는 이 환희의 끝자락을 조금 만져 보았다. 단순한 마음 바탕을 평생토록 지키려고 애쓰노라면, 저절로 하느님의 마음이 곧 사람의 마음이 되는 정직과 관용의 길을 이해하게 된다. 수운의 기도문에는 〈모신다〉 〈체득된다〉 〈잊지 않는다〉 〈이해된다〉 등의 네 개의 동사가 나오는데, 그 가운데 둘은 능동사이고 둘은 피동사이다. 〈모신다〉와 〈잊지 않는다〉가 인간의 주체적 활동이라면 〈체득된다〉와 〈이해된다〉는 하느님의 뜻에 따르는 수동적 활동이다. 정직과 관용에는 비의지의 의지가 필요하다는 의미일 것이다. 사람은 자기의 의지로 정직과 관용을 실천할 만큼 전능한 존재가 아니다. 인간은 자신이 누리는 단순하고 소박한 삶을 하느님의 선물이라고 생각해야 한다. 그렇다면 어떤 사람의 허위와 편협은 하느님의 징벌이다. 장자에는 "하늘이 벌준 것을 어찌 풀 수 있으랴(天刑之어든 安可解리오)"라는 말이 나오는데 해코지하는 사람을 욕하기보다 이렇게 생각하면 성가신 중에도 약간의 여유가 생긴다.

모들린 칼리지 앞 고서점에서 우연히 니체(1844-1900)의 책들이 모여 있는 것을 보았다. 나는 거기서 콜리와 몬티나리가 판본들을 면밀하게 대교하여 편찬한 『비평판 차라투스트라』를 구했다(이 판본을 강디약이 번역한 불어본도 나중에 거기서 구했다). 다른 일 없이 책 한 권에 집중하다 보니 드문드문 나오는 19세기 철자법이 성가시기는 했으나 두 달이 다 못되어 책 한 권을 다 읽을 수 있었다. "모든 사람을 위한 책 그리고 어느 누구를 위한 것도 아닌 책"이라는 부제에서 나는 수동적 추종이 아니라 능동적 자기학습을 요구하는 니체의 의도를 읽을 수 있었다. 그러나 혼자서 사전 하나에만 의지하여 읽었으니 나의 해석을 독문과 교수가 들었다면 포복절도할 일이 많았을 것이다. 어느 정도 이해하였느냐고 묻는다면 자신 있게 대답하기 어렵지만 한국으로 돌아오면서 독일어 책 한 권을 혼자 끝까지 읽어낸 것으로 1년 동안 이역에서 허송한 세월을 스스로 위안했던 기억이 남아 있다.

교수회관이라고 할 수 있는 유니버시티 센터에서 점심을 먹고 휴게실에 앉아 저녁 식사 시간까지 그냥 니체를 읽던 어느 날 갑자기 『차라투스트라』가 동학 주문의 해설이라는 생각이 머리에 떠올랐다. 열 석 자 주문을 외울 때에는 먼저 "지기금지 원위대강"(至氣今至

願爲大降)이란 여덟 자를 머리에 붙이기로 되어 있다. 지기(至氣)란 무엇인가? 나는 지기를 니체가 말하는 힘에의 의지라고 생각한다. 니체는 2부 「자기초극」에서 힘에의 의지를 "의지 그 자체"로 보고 "살아 숨 쉬는 것이 있으면 반드시 힘에의 의지가 있다"고 하였다. "힘에의 의지는 참에의 의지를 발로 삼아 걷는다"라고도 하였다. 정작 독일어로 책을 읽어보니 힘에의 의지(Wille zur Macht)를 권력의지라고 옮기는 것이 오역인 것을 확실하게 알게 되었다. 3부 「세 가지 악」에 비열한 의지를 의미하는 권력의지(Herrschsucht)가 나오기 때문이다. 기(氣)는 공기이지만 기운을 의미하기도 한다. 그렇다면 기와 힘은 같은 말이 된다. 지극한 기운은 자기가 모순적 존재라는 사실을 견디는 힘이다. 키츠는 그것을 빛과 그늘, 선과 악에 똑같이 흥미를 느끼는 소극적 수용력이라고 하였다. 소극적 수용력을 가진 시인에게는 자기가 없고 성격이 없기 때문에 그는 모든 것이고 동시에 아무것도 아니다. 그러한 힘을 가진 사람이 실제로 있는지는 알 수 없으나 그러한 힘을 원하는 의지가 누구에게나 있다는 사실을 부정할 수는 없을 것이다. 의지란 결국 원(願)이다.

니체는 신의 죽음을 말하고 수운은 시천주를 말하니 정반대인 것 같지만 서문에 나오는 "신은 죽었다"와 1부 「베풂의 미덕」에 나오는 "신들은 모두 죽었다"와 1부 「저 세상을 믿는 사람」에 나오는 "신은 인간이었다"를 함께 놓고 생각해 보면 거기에는 "인내천(人乃天)과 통하는 면이 있다고 할 수 있다. 유대교와 기독교와 이슬람교는 천당 가려고 믿는 종교인데 비하여 동학은 천당을 전제로 하지 않으면서 세상에는 존재의 근거가 있다고 믿는 종교이다. 수운의 동학은 천당 종교가 아니다. 존재의 근거는 합리적인 것들의 근거가 되지만 더 이상 따져 들어갈 수 없으며 일인지 다인지조차 알 수 없다는 의미에서 궁극적 비합리이다. 니체가 신의 죽음이라고 말하는 것은 대상논리로 규정할 수 있는 존재자는 존재의 근거가 될 수 없다는 것이다. 주어라고도 할 수 없고 술어라고도 할 수 없으며 신이라고도 할 수 없고 악마라고도 할 수 없는 모순의 작용을 자기 존재의 핵심에서 인식하는 사람만이 합리의 근거가 되는 궁극적 비합리를 신앙할 수 있다. 4부 「인사」에서 초인을 "웃음 웃는 사자들(Lachende Löwen)"이라고 복수로 쓴 것으로 미루어 본다면 위버멘쉬는 단수로 씌어 있지만(Übermenschen이 아니지만) 개적 인간(個的 人間)이 아니라 모순을 인식하면서도 근거를 신앙하는 유적 인간(類的 人間)이다. 모순인식이 근거신앙으로 비약하지 못하면 정신의 장애가 발생한다. 정신병과 근거상실은 동의어이다. 시천주는 위기와 동요 속에서도 근거에 대한 믿음을 포기하지 않는 무아의 내맡김이고 영세불망은 세상의 메마름을 견디면서 "그게 인생이었어. 좋아 다시 한 번(War das das Leben! Wohlan! Noch einmal!)"이라고 말할 수 있는 영겁회귀의 수용이다. 힘에의 의지는 사실이고 영겁회귀는 사상이다. 영겁회귀는 동일한 것들의 반복이나 재현이 아니다. 돌아오는 것은 우연한 것들, 다양한 것들이다. 영겁회귀는 다름에서 같음을 산출하고 같음에서 다름을 선별하여 고유한 특이성을 구성하는 차이와 생성의 회귀이다. 우리는 영겁회귀를 의견의 차이로 인한 분쟁이나 오해로 빚어지는 갈등이 아니라 질서에 침투하여 새 질서를 창조하는 무질서의 항상 새롭게 쇄신되는 창조적 활동이라고, 다시 말하면 생사를 걸고 투쟁하는 역사적 실천이라고 해석해야 한다.

> 모든 것은 가고, 모든 것은 되돌아온다. 존재의 수레바퀴는 영원히 회전한다. 모든 것은 이울고 모든 것은 다시 꽃핀다. 존재의 역년(歷年)은 영원하다. 모든 것은 흩어지고, 모든 것은 새로 모인다. 존재는 영원히 동일한 집을 짓는다. 모든 것은 헤어지고, 모든 것은 다시 만나 인사를 나눈다. 존재의 원환은 영원히 자신에게 충실하다. 매순간 존재는 시작된다. 이곳을 중심으로 저곳의 공이 회전한다. 중심은 어디에나 있다. 영원의 길은 굽어있다.(제3부 「회복기의 환자들」)

하느님을 모시고 하느님을 잊지 않으면 조화가 정해지고 만사가 알려진다고 할 때 조화가 정해진다는 것은 이 땅에서 내가 갈 길이 어느 쪽인가를 결정할 수 있게 되었다는 것이고 만사가 알려진다는 것은 이 세상에서 내가 할 일이 무엇인가를 알 수 있게 되었다는 것이다. 위기와 동요에도 불구하고 추구하는 방향을 견지할 수 있다는 것은 궁극의미의 존재를 전제로 하는 것이고 불안과 공포에도 불구하고 지금 여기서 할 일을 계속할 수 있다는 것은 노동체계의 이해를 전제로 하는 것이다. 의지라는 정신적 가치로 내면화된 힘은 다시 노동이라는 물질적 가치로 외면화된다. 내면화와 외면화가 대립되고 통일되면서 일종의 변증법적 절차로 결속된다. 노동이란 단순히 땀을 흘리는 데 그치는 행동이 아니라 인간의 정신이 외부로 표현되어 물질에 정신적 가치를 새겨 넣는 활동이다. 나의 작업이 거대한 노동체계의 일부로 융합되고 다시 의미 있는 생활세계로 흘러들어 가치의 창조에 기여할 수 있다는 믿음은 노동의 근거가 된다. 만일 나의 땀이 차별과 의존의 심화에 도움이 될 뿐이라면 노동은

진정성을 상실하고 허무의 나락으로 굴러가게 될 것이다. 조화(造化)란 다른 말로 하면 도(道)이다. 생사를 걸고 갈 길을 결단하면 우주의 리듬에 맞춰 춤 출 수 있게 된다. 차라투스트라는 어느날 숲속의 어느 늪가에서 피투성이 사내를 밟았다. 그는 거머리를 연구하기 위하여 진흙탕에 누워 거머리에게 물리고 있는 중이었다. 그는 차라투스트라에게 자신을 "정신의 양심분자"라고 소개한다.

> 정신과 관계된 문제에 대해 내게 가르쳐준 차라투스트라를 제외하고는 나만큼 엄격하고 주도면밀하고 가차 없는 자는 없을 것이다. 어중간한 박식보다는 차라리 무식이 낫다. 원래 제 생긴 대로 바보로 있는 것이 남의 소견만 따르는 현자보다 낫다. 나는 무엇이든 뿌리 속까지 캐어내려 한다. 그 대상이 크고 작고 한 것이 무슨 문제가 되느냐? 그것이 늪이건 하늘이건 무슨 상관이 있겠느냐? 손바닥만한 땅일지라도 참말로 바탕이 되고 근거가 된다면 나에게는 충분한 것이다. 손바닥만한 땅, 나는 그 위에 설 수 있다. 옳은 지식과 양심에는 너무 작은 것이란 없는 법이다.(제4부 「거머리」)

차라투스트라도 4부 「징조」에서 "내가 언제 행복을 좇아 살았나? 나는 일을 따라 다니며 살았을 뿐이다"라고 말했다. "허학보다는 무식이 낫다(Lieber nichts wissen, als vieles halb wissen)"라는 말은 그 후 나의 좌우명이 되었다.

> 시호(時乎) 시호 이내 시호
> 부재래지(不再來之) 시호(時乎)로다
>
> 만세일지(萬歲一之) 장부(丈夫)로서
> 오만년지(五萬年之) 시호(時乎)로다

용천검(龍泉劍) 드는 칼을
아니 쓰고 무엇하리

무수장삼(舞袖長衫) 떨쳐 입고
이 칼 저 칼 넌짓 들어

호호망망(浩浩茫茫) 넓은 천지
일신으로 빗겨 서서

칼노래 한 곡조를
시호시호 불러내니

용천검 날랜 칼은
일월을 희롱하고

게으른 무수장삼
우주에 덮여 있네

만고명장 어디 있나
장부당전(丈夫當前) 무장사(無壯士)라

좋을시구 이내 신명
이내 신명 좋을시구

—「검결(劍訣)」

『고종실록』 고종 1년(1864) 2월 29일 조에는 「검결」에 대한 기사가 세 차례 기록되어 있다. 경상감사가 문초하면서 '무수장삼'의 의미를 물으니 수운은 "춤출 때 입는 적삼의 긴 소매"라고 대답하였다. 수운의 제자들을 문초할 때에도 그들은 한결같이 검결을 안다고 대답하였고 수운의 아들 최인득은 나무칼을 들고 춤추면서 「검결」을 부르곤 했다고 하였다. 만 년에 한 번 나오는 장부가 5만 년에 한 번 닥치는 때를 만났다는 구절은 지금 이곳의 소중함을 의미한다. 수운은 복잡하고 간사하게 얽혀 있는 마음의 실타래를 용천검으로 끊어내고 단순하고 소박한 마음의 가닥을 찾아내려고 하였다. 이 시에서 칼의 이미지는 춤의 이미지와 겹쳐져 있다. "용천검 드는 칼을 아니 쓰고 무엇하랴"라는 문장은 인간의 역사적 실천을 의미하겠지만, 소매는 길어서 우주를 덮는다는 구절에 나오는 '게으른'이란 형용사가 칼의 날카로움과 대조되어 이 땅에서 더불어 살기 위해 어쩔 수 없어서 제기하는 이의제기를 일월과 함께 추는 우주적 무도로 확대하고 있다. "장부 앞에는 장한 이가 따로 없노라"의 장부는 자신의 단순하고 소박한 마음 바탕에 비추어서 복잡하고 간사한 행동을 하찮게 여기는 사람이다. "때는 왔다"고 하는 경우의 때가 영원과 통하는 현재를 말한다는 것은 의심할 여지가 없다. "좋도다 이 나의 신명, 나의 신명이 좋도다"라는 마지막 문장은 고유성과 창조성의 실현을 의미한다.

니체를 읽으면 수운이 보이고 수운을 보면 형편없는 나의 몰골이 떠오른다. 비록 보잘것없이 살고 있는 것이 죄송스럽기는 하지만 그래도 수운이 예전에 밟은 땅을 지금 딛고 산다고 생각하면 언제나 황홀하게 자랑스럽다.

2018년 9월 9일

김인환

일러두기

1. 『용담유사(龍潭遺詞)』는 1893(계사)년에 간행된 목판본을 대본으로 삼았고 『동경대전(東經大全)』은 1883(계미)년에 목판으로 간행된 경주본을 대본으로 삼았다.

2. 계사본 『용담유사』는 길이 31cm, 너비 20cm, 각 면 9행, 각 행 16자이며 계미본 『동경대전』은 길이 31cm, 너비 20cm, 각 면 9행, 각 행 20자이다.

3. 충청도 단양에서 1881년에 간행된 『용담유사』의 초판과 1880년에 강원도 인제에서 간행된 『동경대전』의 초판 그리고 1882년에 충청도 목천에서 간행된 『동경대전』의 재판은 현전하지 않는다.

차 례

용담유사

龍潭遺詞

교훈가

경신(1860)

첫째 마디

왈 이ᄌᆞ딜[1] 아희들아	너희 아들 조카들아
경슈ᄎᆞ셔[2] ᄒᆞ여스라	이 글 받아 공경해라
너희도 이세상의	너희도 이 세상에
오ᄒᆡᆼ[3]으로 ᄉᆡᆼ겨ᄂᆞ셔	오행으로 생겨나서
삼강[4]을 법을 ᄉᆞᆷ고	삼강을 표준 삼고
오륜[5]의 참예ᄒᆡ셔	오륜에 참여해서
이십살 ᄌᆞ라ᄂᆡ니	스무살 되었으니
성문고족[6] 이ᄂᆡ 집안	일가 적은 우리 집안
병슈[7] 업ᄂᆞᆫ 너의 거동	건강한 너희 모습
보고 ᄂᆞ니 경ᄉᆞ로다	볼 때마다 기쁘다만

1 曰爾子姪 : 너희들 아들들과 조카들. 曰은 말 낼 왈.

2 敬受此書 : 이 글을 공경스레 받음.

3 五行 : 우주간에 운행하는 원기로서 만물을 만들어 이루는 다섯 원소. 곧 금(金), 목(木), 水(수), 火(화), 土(토).

4 三綱 : 군신, 부자, 부부 사이의 떳떳한 도리.

5 五倫 : 다섯 가지 인륜. 부자 사이에 친애, 군신 사이에 의리, 부부 사이에 분별, 장유 사이에 차서(次序), 붕우 사이에 신의가 있음을 이름.

6 盛門孤族 : 가문이 좋고 일가가 적은 집안.

7 病祟 : 병과 빌미.

소업[8] 업시 길워 ᄂᆡ니	할 일 없이 자라나니
일희일비[9] 안일넌가	일희일비 아닐는가
ᄂᆡ 역시 이 세상의	내 역시 이 세상에서
ᄌᆞ아시[10] 지ᄂᆡᆫ 일을	지금까지 지낸 일을
력력히 ᄉᆡᆼ각ᄒᆞ니	하나하나 생각하니
ᄃᆡ져 인간 ᄇᆡᆨ쳔만ᄉᆞ	대저 세상 백천만사
ᄒᆡᆼ코 ᄂᆞ니 그ᄲᅮᆫ이오	행한 것은 별로 없고
격고 ᄂᆞ니 고ᄉᆡᆼ일세	겪은 것은 고생일세
그 듕의 ᄒᆞᆫ 가지도	그 가운데 한 가지도
소업 셩공 바이 업셔	이룬 일이 전혀 없어
흉듕의 품은 회포	가슴에 품은 회포
일쇼일파[11] ᄒᆞ온 후의	한번 웃고 내친 후에
이ᄂᆡ 신명 도라보니	이내 신명 돌아보니
ᄂᆞ이 임의 ᄉᆞ십이오	나이 이미 사십이요
셰상 풍속 도라보니	세상 풍속 돌아보니
여ᄎᆞ여ᄎᆞ 우여ᄎᆞ[12]라	이렇고 또 이렇구나
아셔라 이ᄂᆞ 신명[13]	아서라 이내 신명
이밧게 다시 업다	하나밖에 다시 없다

8 所業 : 업으로 하는 일.
9 一喜一悲 : 기쁜 일과 슬픈 일이 번갈아 일어남. 한편으로는 기쁘고 한편으로는 슬픔.
10 自兒時 : 어린아이 때로부터
11 一笑一罷 : 한번 웃고 죄다 내침
12 如此如此又如此 : 이러이러하고 또 이러함.
13 身命 : 몸뚱이와 목숨.

귀미용담[14] ᄎᆞᄌᆞ드러	구미 용담 찾아 들어
듕ᄒᆞᆫ ᄆᆡᆼ세 ᄃᆞ시 ᄒᆞ고	무겁게 맹세하고
부쳐가 ᄆᆞ조 안ᄌᆞ	아내와 마주 앉아
탄식ᄒᆞ고 ᄒᆞᄂᆞᆫ 말이	탄식하며 하는 말이
ᄃᆡ쟝부 ᄉᆞ십 평ᄉᆡᆼ	대장부 사십 평생
ᄒᆞ음 업시 지ᄂᆞᄂᆞ니	하염없이 지냈으니
이제야 할길 업ᄂᆡ	이제야 도리 없네
ᄌᆞ호[15] 이름 다시 지여	스스로 호를 짓고
불출산외[16] ᄆᆡᆼ세ᄒᆞ니	불출산외 맹세하니
기의심쟝[17] 안일넌가	그 뜻이 깊고 길다
슬푸다 이ᄂᆡ 신명	슬프다 이내 신명
이리 될 줄 아라쓰면	이리 될 줄 알았으면
윤산[18]은 고ᄉᆞ하고	유산은 없더라도
부모님게 받은 세업	부모님께 받은 일을
근력기중[19] ᄒᆞ여쓰면	부지런히 힘썼으면
악의악식[20] 면치마는	살림 걱정 없겠건만

14 龜尾龍潭 : 구미산 밑에 최제우의 아버지 최옥(崔鋈)이 남긴 용담정(龍潭亭)이란 정자. 용담은 최제우가 도를 받은 정자의 이름이기도 하고, 그 정자가 임해 있는 연못의 이름이기도 한데, 지명이 그곳에서 출생한 사람을 의미하는 경우가 있으므로 용담은 더 나아가서 최제우를 가리키는 말이 되며, 『용담유사』란 최제우가 지어 남겨 놓은 가사란 뜻임.

15 自號 : 자기의 칭호.

16 不出山外 : 산 밖으로 나가지 아니함.

17 其意深長 : 그 뜻이 깊고 깊.

18 遺産 : 죽은 사람이 끼친 재산. 윤산은 그릇된 철자.

19 勤力其中 : 그 가운데 부지런히 힘씀.

20 惡衣惡食 : 거친 옷과 음식.

경뉸[21]이ᄂᆞ 잇ᄂᆞᆫ다시	경륜이나 있는 듯이
효박[22]ᄒᆞᆫ 이 셰상의	경박한 이 세상을
혼ᄌᆞ 안져 탄식ᄒᆞ고	혼자 앉아 탄식하며
그럭져럭 ᄒᆞ다가셔	그럭저럭 하다가
탕ᄑᆡ산업[23] 도야쓰니	살림 거덜 내었으니
원망도 쓸ᄃᆡ업고	원망도 쓸데없고
한탄도 쓸ᄃᆡ업ᄂᆡ	한탄도 쓸데없네
여필종부[24] 안일너ᄀᆞ	여필종부 아닐는가
ᄌᆞᄂᆡ 역시 ᄌᆞ아시로	자네 역시 어린 시절
호의호식 ᄒᆞ던 말을	넉넉하게 살던 말을
일시도 아니 말면	그만두지 않는다면
부화부슌[25] 무어시며	부화부순 무엇이며
강보[26]의 어린 ᄌᆞ식	강보의 자식에게
불인지ᄉᆞ[27] 안일넌ᄀᆞ	못할 일 아니겠나
그 말 져 말 다 던지고	그런 말 하지 말고
ᄎᆞᄎᆞᄎᆞᄎᆞ 지ᄂᆡ 보세	느긋하게 견뎌보세
텬ᄉᆡᆼ만민[28] ᄒᆞ여쓰니	천생만민 하였으니

21 經綸 : 일을 조직적으로 계획함.
22 淆薄 : 인정이나 풍속이 아주 경박함.
23 蕩敗産業 : 집안 살림을 다 써서 없앰.
24 女必從夫 : 아내는 반드시 남편의 뜻을 좇아야 함.
25 夫和婦順 : 지아비는 따스하고 지어미는 순종함.
26 襁褓 : 포대기
27 不忍之事 : 차마 하기 어려운 일.
28 天生萬民 : 하늘이 온 백성을 냄.

필수지직[29] 할 거시오
명ᄂᆡᄌᆡ텬[30] ᄒᆞᆫ여시니
죽을 엽녀 웨 잇시며
하늘님이 ᄉᆞ름 ᄂᆡᆯ 쩍
녹[31] 업시ᄂᆞᆫ 아니ᄂᆡ네
우리라 무슨 팔ᄌᆞ
그다지 긔험[32]ᄒᆞᆯ소
부ᄒᆞ고 귀ᄒᆞᆫ ᄉᆞ람
이젼 시졀 빈쳔이오
빈ᄒᆞ고 쳔ᄒᆞᆫ ᄉᆞ람
오ᄂᆞᆫ 시졀 부귀로세
텬운이 순환ᄒᆞᄉᆞ
무왕불복[33]ᄒᆞ시ᄂᆞ니
그러ᄂᆞ 이ᄂᆡ 집은
젹션젹덕[34]ᄒᆞᄂᆞᆫ 공은
ᄌᆞ젼ᄌᆞ시고연[35]이라
여경[36]인들 업슬소냐

할 일을 줄 것이고
인명은 재천이니
죽을 염려 만무하며
하느님이 사람 낼 때
먹을 것을 안 줬겠나
우리라 무슨 팔자
언제까지 사나울까
부하고 귀한 사람
이전 시절 빈천했고
빈하고 천한 사람
오는 시절 부귀하리
천운이 순환하여
가면 오고 오면 가네
그러나 우리 집은
적선적덕 쉬지 않고
공을 들여 쌓았으니
남은 경사 없을쏘냐

---

29 必授其職 : 반드시 그에게 직업을 줄.
30 命乃在天 : 목숨은 곧 하늘에 있음.
31 祿 : 관리에게 연액(年額)으로 주는 쌀, 콩, 보리, 명주, 베, 돈 따위를 통틀어 일컬음.
32 崎險 : 팔자가 사나움.
33 無往不復 : 지나가고 돌아오지 않음이 없음.
34 積善積德 : 남에게 좋은 일을 많이 하고, 덕을 많이 베풂.
35 自前自是固然 : 이전으로부터 스스로 이러하고 애초에 그러함.
36 餘慶 : 남에게 좋은 일을 많이 한 보응으로 뒷날 그의 자손이 받는 경사

원문	현대어
세세유전 착ᄒᆞᆫ ᄆᆞ음	대를 이은 착한 마음
일치 말고 직케 ᄂᆡ셔	잃지 말고 지켜내서
안빈낙도[37] ᄒᆞ온 후의	안빈낙도 한 연후에
수신제가 ᄒᆞ여보세	수신제가 하여 보세
아무리 세상 ᄉᆞ름	사람들이 아무리
비방ᄒᆞ고 원망 말을	비방하고 원망해도
청이불문[38] ᄒᆞ여 두고	귀담아 두지 말고
불의지ᄉᆞ[39] 흉ᄒᆞᆫ 빗츨	그릇된 일 흉한 꼴을
시지불견[40]ᄒᆞ여 두고	눈에 담아 두지 말고
어린 ᄌᆞ식 효유[41]ᄒᆡ셔	어린 자식 타이르며
ᄆᆡᄆᆡᄉᆞᄉᆞ 교훈ᄒᆞ여	하나하나 가르쳐서
어진 일을 본을 바다	어진 일 본받게 해
가정지업 직혀ᄂᆡ면	집안 전통 지켜내면
그 아니 낙일넌ᄀᆞ	어찌 아니 즐거울까

둘째 마디

원문	현대어
이러그러 안심ᄒᆡ셔	이럭저럭 느긋하게
칠팔삭[42] 지ᄂᆡᄂᆞ니	여덟 달쯤 지냈는데
ᄭᅮᆷ일넌ᄀᆞ 잠일넌ᄀᆞ	꿈인지 생신지

37 安貧樂道 : 가난한 처지에서도 평안한 마음으로 도를 즐김.
38 聽而不聞 : 들어도 의식되지 아니함.
39 不義之事 : 그릇된 일.
40 視之不見 : 보아도 보이지 아니하는 듯함.
41 曉諭 : 알아듣게 타이름. 깨닫도록 일러줌.
42 七八朔 : 일고여덟 달.

무극ᄃᆡ도[43] 바다ᄂᆡ야	무극대도 받아내어
정심수신[44] ᄒᆞ온 후의	일심으로 수신하고
다시 안ᄌᆞ ᄉᆡᆼ각ᄒᆞ니	다시 앉아 생각하니
우리집안 여경인ᄀᆞ	우리 집안 여경인가
순환지리[45] 회복인가	순환이치 회복인가
엇지 이리 망극ᄒᆞᆫ고	어찌 이리 망극한고
젼만고 후만고를[46]	지나간 온갖 기록
력력히 ᄉᆡᆼ각ᄒᆡ도	아무리 살펴봐도
글도 업고 말도 업ᄂᆡ	글도 없고 말도 없네
ᄃᆡ져 ᄉᆡᆼ령 만은 ᄉᆞ람	이 세상 인류 중에
ᄉᆞ람 업셔 이러ᄒᆞᆫᄀᆞ	사람 없지 않을 테니
유도 불도 누천련의	유교 불교 누천년에
운이 역시 ᄃᆞ히썬가	운이 역시 다한 건가
윤회[47]가치 둘닌 운수	윤회하는 운수를
ᄂᆡ가 엇지 바다스며	내가 어찌 받았으며
억조창ᄉᆡᆼ[48]만은 ᄉᆞ람	억조창생 가운데
ᄂᆡ가 엇지 놉ᄒᆞ스며	내가 어찌 뽑혔으며
일세상[49] 업ᄂᆞᆫ ᄉᆞ람	참 사람 하나 없고

43 無極大道 : 무극은 동양철학에서 태극의 처음 상태를 일컫는 말. 무극처럼 큰 도.
44 正心修身 : 마음을 바르게 하고 몸을 닦음.
45 循環之理 : 사물의 성하여지고 쇠하여짐이 서로 바뀌어 도는 이치.
46 前萬古 後萬古 : 끝없는 과거와 끝없는 미래.
47 輪廻 : 차례로 돌아감. 중생의 영혼이 육체와 같이 멸하지 아니하고, 다른 육체에도 옮아 끝없이 돌아서 다시 남.
48 億兆蒼生 : 수많은 백성.
49 一世上 : 한 세상. 온 누리

ᄂᆡ가 엇지 잇셧던고	나만 어찌 있었던가
아마도 이ᄂᆡ 일은	아마도 이내 일은
잠ᄌᆞ다ᄀᆞ 어더썬ᄀᆞ	잠자다가 얻었던가
ᄭᅮᆷ수다가 바다썬가	꿈꾸다가 받았던가
측냥치 못ᄒᆞᆯ너라	헤아리지 못하겠네
ᄉᆞ람을 가려스면	사람을 가렸으면
ᄂᆞ만 못한 ᄉᆞ람이며	나만 못한 사람 있고
ᄌᆡ질을 가려스면	재질을 가렸으면
ᄂᆞ만 못ᄒᆞᆫ ᄌᆡ질이며	나만 못한 재질 있나
만단 의아[50] 두지마는	온갖 의심 해보지만
ᄒᆞᄂᆞᆯ님이 정ᄒᆞ시니	하느님이 정하시니
무가ᄂᆡ[51]라 ᄒᆞᆯ길업ᄂᆡ	어떻게도 할 수 없네
ᄉᆞ양지심[52] 잇지마ᄂᆞᆫ	사양하고 싶지마는
어ᄃᆡ 가셔 ᄉᆞ양ᄒᆞ며	어디 가서 사양하며
문의지심[53] 잇지마ᄂᆞᆫ	물어보고 싶지마는
어ᄃᆡ ᄀᆞ셔 문의ᄒᆞ며	어디 가서 물어보며
편언척ᄌᆞ[54] 업ᄂᆞᆫ 법을	말도 글도 없는 법을
어ᄃᆡ ᄀᆞ셔 본을 볼ᄭᆞ	어디 가서 본을 볼까
묵묵부담[55] ᄉᆡᆼ각ᄒᆞ니	말없이 생각하니

50 萬端疑訝 : 여러 가지로 얼크러져 의심스럽고 분별하기 어려움.

51 無可奈 : 어찌할 수가 없이 됨.

52 辭讓之心 : 사양할 줄을 아는 마음.

53 問議之心 : 묻고 의논할 마음.

54 片言隻字 : 몇 마디의 말과 몇 개의 글자.

55 黙黙不談 : 말 한마디 없이 잠잠히 있음.

고친 ᄌᆞ호 방불ᄒᆞ고
어린ᄃᆞ시 안ᄌᆞ스이
고친 이름 분명ᄒᆞ다
그럭저럭 ᄒᆞᆯ길 업셔
업ᄂᆞᆫ 정신 가다드머
ᄒᆞᄂᆞᆯ님ᄭᅦ 알외오니
ᄒᆞᄂᆞᆯ님 ᄒᆞ신 말ᄉᆞᆷ
너도 역시 ᄉᆞ람이다
무어슬 알아스며
억조창ᄉᆡᆼ 마는 ᄉᆞᄅᆞᆷ
동귀일체[56]ᄒᆞᄂᆞᆫ 줄을
ᄉᆞ십 평ᄉᆡᆼ 아라써냐
우숩다 ᄌᆞᄂᆡ ᄉᆞ람
ᄇᆡᆨ천만ᄉᆞ ᄒᆡᆼᄒᆞᆯ ᄯᆡᄂᆞᆫ
무슨 ᄯᅳᆺ을 그러ᄒᆞ며
입산ᄒᆞᆫ 그달부텀
ᄌᆞ호 일음 고칠 ᄯᆡᄂᆞᆫ
무슨 ᄯᅳᆺ을 그러ᄒᆞᆫ고
소위 입춘 비ᄂᆞᆫ 말은
복녹은 아니 빌고
무슨 경뉸 포부잇셔
세간 듕인 부동귀[57]라

물구름(水雲)이 그럴듯하고
할 일 찾아 앉아 보니
우매 구제(濟愚)뿐이구나
아무래도 갈 길 몰라
없는 정신 가다듬어
하느님께 사뢰니
하느님 하시는 말씀
너도 역시 사람이라
무엇을 알았으며
억조창생 많은 사람
한 몸으로 가는 것을
사십 평생 알았으랴
너야말로 우습구나
온갖 일에 공들일 때
무슨 뜻으로 그랬으며
입산한 그 달부터
호와 이름 고칠 때는
무슨 뜻으로 그러했나
소위 입춘 비는 시에
복록은 아니 빌고
무슨 경륜 포부 있어
뭇사람의 딴 마음을

56 同歸一體 : 한 몸으로 같이 돌아감.
57 世間衆人不同歸 : 세상의 뭇 사람과 함께 돌아가지 않음. 자기의 길을 간다

의심 업시 지어ᄂᆡ야	의심 없이 지어내어
완연[58]이 부쳐두니	분명하게 붙여 두니
세상 ᄉᆞᄅᆞᆷ 귀경ᄒᆞᆯ ᄯᆡ	세상 사람 그 글 볼 때
ᄌᆞᄂᆡ 마음 엇더텬고	네 마음이 어떻던가
그런 비위 어ᄃᆡ 두고	그런 비위 가지고서
만고 업ᄂᆞᆫ 무극ᄃᆡ도	만고 없는 무극대도
바다 노코 ᄌᆞ랑ᄒᆞ니	받아놓고 자랑하니
그 아니 ᄀᆡᄌᆞ[59]ᄒᆞᆫ가	그 아니 훌륭한가
세상 ᄉᆞ람 도라보고	세상사람 돌아보며
만코 만은 그 ᄉᆞᄅᆞᆷ의	많고 많은 그 사람들
인지ᄌᆡ질[60] ᄀᆞ려ᄂᆡ여	재주 바탕 비교하여
총명노둔 무어시며	한탄한들 무엇하며
세상 ᄉᆞᄅᆞᆷ 져러ᄒᆞ야	세상사람 저렇다고
의아 탄식[61] 무어신고	탄식한들 무엇하랴
남만 못ᄒᆞᆫ ᄉᆞ람인 줄	남만 못한 사람인 줄
네가 엇지 알앗스며	네가 어찌 알 것이며
남만 못ᄒᆞᆫ ᄌᆡ질인 쥴	남만 못한 재질인 줄
네가 엇지 아잔 말고	네가 어찌 알 것인가
그런 쇼리 마라셔라	그런 소리 말아스라

는 뜻. 道氣長存邪不入 世間衆人不同歸라는 최제우의「입춘시(立春詩)」의 한 구절.

58 宛然 : 눈 앞에 또렷하게 나타남.

59 愷悌 : 용모와 기상이 화락하고 단아함.

60 人之才質 : 사람들의 재주와 바탕.

61 疑訝歎息 : 의심하고 탄식함.

낙지 이후[62] 쳠이로다	세상에서 처음이다
착ᄒᆞᆫ 운수 둘너 노코	착한 운수 둘러놓고
포ᄐᆡ지수[63] 정ᄒᆡ ᄂᆡ야	낳을 날을 정했으니
ᄌᆞ아시 ᄌᆞ라ᄂᆞᆯ ᄊᆡ	자라날 때 있었던 일
어ᄂᆞᆫ 일을 ᄂᆡ 모르며	어느 일을 내 모르랴
격세만물[64] ᄒᆞᄂᆞᆫ 법과	바르게 아는 법과
ᄇᆡᆨ쳔만ᄉᆞ 힝ᄒᆞ기를	바르게 하는 법을
됴화 즁의 시겨시니	조화 중에 시켰으니
충등인물[65] ᄒᆞᄂᆞᆫ 이는	출중한 인물들이
비비유지[66] 안일넌가	드물지 아니하다
지각 업ᄂᆞᆫ 세상 ᄉᆞᄅᆞᆷ	철없는 세상사람
원ᄒᆞᆫ ᄃᆞ시 ᄒᆞᄂᆞᆫ 말이	탓하면서 하는 말이
아무ᄂᆞᆫ 이 세상의	아무는 어찌 보나
ᄌᆡ승박덕 안일넌ᄀᆞ	재승박덕 아닐는가
세젼 사업[67] 탕ᄑᆡᆨᄒᆞ고	살림살이 탕진하고
귀미용담 일정각[68]의	구미 용담 정자에서
불출산외ᄒᆞᄂᆞᆫ 쓰ᄌᆞᆫ	나오려고 않는 뜻은
아다가도 모를너라	알다가도 모를네라

---

62 落地以後 : 이 세상에 태어난 뒤.

63 胞胎之數 : 아이를 밸 운수.

64 格致萬物 : 유형한 온갖 사물을 연구하여 무형한 지식을 구성함. 자료를 분석하여 구조를 해명함. '격세'는 격치의 잘못.

65 出等人物 : 보통 사람보다 뛰어남. 충등은 출등의 오각(誤刻).

66 比比有之 : 드물지 아니하고 흔히 있음.

67 世傳産業 : 대대로 전해 내려오는 살림살이.

68 一亭閣 : 한 정자.

ᄀᆞᄂᆞᆫᄒᆞᆫ 져 세정[69]의	가난한 저 사정에
세상ᄉᆞ름 ᄒᆞᆫᄐᆡ 셕겨	세상사람 한데 섞여
아유구용[70] ᄒᆞᆫ다ᄒᆡ도	살려 해도 힘들 텐데
쳐ᄌᆞ보명[71] 모로고셔	처자도 못 거두며
ᄀᆞ정지업 지켜ᄂᆡ야	가업을 지켜내며
안빈낙도ᄒᆞ단 말은	안빈낙도 하겠단 말
가소절창[72] 안일넌ᄀᆞ	우습기 짝이 없다
이 말 져 말 붕등[73]ᄒᆡ도	이 말 저 말 헐뜯어도
ᄂᆡ가 아지 네ᄀᆞ 알가	내가 알지 네가 알까
그런 ᄉᆡᆼ각 두지 말고	그런 생각 하지 말고
졍심수도ᄒᆞ엿시라	정심으로 수도하라
시긴 ᄃᆡ로 시ᄒᆡᆼᄒᆡ셔	시킨 대로 시행해서
ᄎᆞᄎᆞᄎᆞᄎᆞ 가라치면	차차 차차 가르치면
무궁 됴화 다 던지고	무궁조화 물론이고
포덕텬ᄒᆞ[74]ᄒᆞᆯ 거시니	포덕천하 할 것이니
ᄎᆞ제도법[75] 그 ᄲᅮᆫ일세	갈 길은 그뿐일세
법을 정코 글을 지어	법 정하고 글 지어서
입도ᄒᆞᆫ 세상 ᄉᆞ람	가르치면 세상사람
그날부텀 군ᄌᆞ 도야	그날부터 군자 되어

69 世情 : 세상의 사정.
70 阿諛苟容 : 남에게 아첨하여 구차스럽게 구는 모양.
71 妻子保命 : 처자의 목숨을 부지해 나감.
72 可笑絶腸 : 우습기 짝이 없음.
73 崩騰 : 얽혀 나옴. 헐뜯어 댐.
74 布德天下 : 하느님의 덕을 세상에 폄.
75 次第道法 : 도를 닦는 차례와 방법.

무위이화[76]될 거시니	무이이화 될 것이니
디상신션[77] 네 아니냐	지상신선 그 아니냐

셋째 마디

이 말숨 드른 후의	이 말씀 들은 후에
심독희 ᄌᆞ부[78]로다	자신을 믿게 되어
그제야 이날부텀	그제야 이날부터
부쳐가 마됴 안져	부부가 마주 앉아
이말 져말 다ᄒᆞᆫ 후의	이말 저말 온갖 사정
희희낙담[79] 그쁜일세	즐겁게 말하였네
이제ᄂᆞᆫ ᄌᆞᄂᆡ 듯쇼	이제는 자네 듣소
이ᄂᆡ 몸이 이리 되니	이내 몸이 이리 되니
ᄌᆞ소시[80]ᄒᆞ던 작ᄂᆞᆫ	어려서 하던 짓이
여광여취[81] 안일넌ᄀᆞ	미친 장난 같았으나
ᄂᆡ 역시 ᄒᆞ던 말이	주정같이 토로했던
헷 말이 올케 되니	헛말이 참말 되니
남아 역시 출세 후의	남자는 세상에서
작ᄂᆞᆫ도 ᄒᆞᆯ 거시오	장난도 할 것이요
헷말인들 아니ᄒᆞᆯ가	헛말인들 아니할까

76 無爲而化 : 힘들여 하지 아니하여도 저절로 변하여 잘 이루어짐. 하느님의 힘으로 나온 자존 자율의 우주 법칙.

77 地上神仙 : 사람 사는 세상에 있다는 상상적인 신선.

78 心獨喜自負 : 마음이 독특하게 기쁘고 스스로 능력을 믿게 됨.

79 喜喜樂談 : 매우 기뻐서 즐겁게 이야기함.

80 自少時 : 젊고 어렸을 때로부터 이제까지.

81 如狂如醉 : 미친 듯 취한 듯한 태도.

ᄌᆞᄂᆡ 마음 엇더헌고	자네 생각 어떠하오
노쳐의 거동보소	아내의 거동 보소
묻ᄂᆞᆫ 말은 ᄃᆡ답잔코	묻는 말은 대답 않고
무릅 안고 입 다시며	무릎 안고 입 다시며
세상 소리 셔너 마듸	서너 마디 속생각을
근근이 ᄭᅳ러ᄂᆡ여	근근이 내놓는데
쳔쟝만 살피면서	천장 보며 하는 말이
ᄭᅮᆷ일넌ᄀᆞ 잠일넌ᄀᆞ	꿈같이 기쁘구나
허허 세샹 허허 세상	허허 세상 허허 세상
다 가치 세상 ᄉᆞ롬	수많은 사람 중에
우리 복이 이러ᄒᆞᆯ가	우리 복이 제일이네
ᄒᆞᄂᆞᆯ님도 ᄒᆞᄂᆞᆯ님도	하느님도 하느님도
이리 될 우리 신명	이리 될 우리 신명
엇디 압날 지ᄂᆡᆫ 고ᄉᆡᆼ	어찌 전날 지난 고생
그다지 시기신고	그다지도 시키셨나
오날ᄉᆞ 참말인지	오늘에야 말하지만
여광여취 져 양반을	미친 듯한 저 양반을
간곳마다 ᄯᆞ라가셔	따르면서 받은 수모
지ᄃᆞᆯᄒᆞᆫ 그 고ᄉᆡᆼ을	지질한 그 고생을
눌노 ᄃᆡᄒᆡ 그 말이며	누구에게 하소하나
그 즁의 집에 들면	그러면서 나를 보고
장담가치 ᄒᆞᄂᆞᆫ 말이	장담하며 하는 말이
그 ᄉᆞ롬도 그 ᄉᆞ람도	사람들도 사람들도

고ᄉᆡᆼ이 무어신고
이ᄂᆡ 팔ᄌᆞ 됴흘진ᄃᆡᆫ
희락은 벗을 삼고
고ᄉᆡᆼ은 희락이라
잔말 말고 ᄯᅡ라가세
공노[82] ᄒᆞᆯ ᄂᆡ 아니라
ᄂᆡ 역시 어쳑업셔[83]
얼굴을 ᄲᅦᆫ이 보며
듕심의 ᄒᆞᆫ슘지여
이젹지 지ᄂᆡᆫ 일은
다름이 아니로다
인물ᄃᆡ졉ᄒᆞᄂᆞᆫ 거동
세상ᄉᆞ람 아닌 듯고
쳐ᄌᆞ의게 ᄒᆞᄂᆞᆫ 거동
이ᄂᆡ진졍[84] 지극ᄒᆞ니
텬은이 잇게드면
됴흔 운수 회복할 줄
ᄂᆞ도 ᄯᅩᄒᆞᆫ 알아심ᄂᆡ
일소일파ᄒᆞ온 후의
불승기양[85] 되얏더라

고생이 무엇인고
이내 팔자 이러하니
기쁨을 벗 삼고
고생도 기뻐하며
입 다물고 따라가세
헛늙을 내 아니로다
내가 또한 어이없어
아내 얼굴 뻔히 보며
한숨을 지으면서
이제까지 지낸 일은
다른 것이 아니로다
인물 대접 하는 행동
남들보다 특별했고
처자에게 하는 행동
오직 인애 지극했네
하느님의 은혜로
좋은 운수 받을 것을
의심한 적 없었다오
한번 크게 웃은 후에
뜻을 더욱 굳게 했네

82 空老 : 아무 일도 못하고 헛되이 늙음
83 어쳑업셔 : 어처구니없어, 어이없어.
84 仁愛之情 : 인자하게 사랑하는 마음.
85 不勝其揚 : 그 득의한 마음을 이길 수 없음.

그럭져럭 지ᄂᆡ다가 / 그럭저럭 지내다가
통ᄀᆡ듕문[86] ᄒᆞ여 두고 / 중문을 활짝 열고
오ᄂᆞᆫ ᄉᆞ람 ᄀᆞ라치니 / 오는 사람 가르치니
불승감당[87] 되얏더라 / 너무 많아 힘겨웠네
현인군자 모아드러 / 현인군자 함께 모여
명명기덕[88] ᄒᆞ여ᄂᆡ니 / 속알을 밝혀내니
성운셩덕[89] 분명ᄒᆞ다 / 그 덕이 성대하다

넷째 마디

그 모르ᄂᆞᆫ 세상 ᄉᆞ람 / 무지한 세상 사람
승긔ᄌᆞ[90] 시려ᄒᆞᆯ ᄯᅳᆺ / 잘난 사람 미워하여
무근셜화[91] 지어 ᄂᆡ야 / 근거 없는 이야기로
듯지 못ᄒᆞᆫ 그 말이며 / 듣지 못한 내용과
보지 못ᄒᆞᆫ 그 소리를 / 보지 못한 사실을
엇지 그리 ᄌᆞ아ᄂᆡ셔 / 어찌 마구 지어내어
향인셜화[92] 분분ᄒᆞ고 / 마을에 퍼뜨렸나
슬푸다 세상 ᄉᆞ람 / 슬프다 세상사람
ᄂᆡ 운수 조ᄎᆞᄒᆞ니 / 내 운수는 트이고
네 운수 가련ᄒᆞᆯ 쥴 / 너희 운순 막힐 것을

86 通開中門 : 중문을 열어 젖힘.
87 不勝堪當 : 능히 담당할 수 없음.
88 明明其德 : 그 더럽히지 아니한 천부의 본성을 밝히고 밝힘.
89 盛運盛德 : 확 트인 운수와 성대한 덕행.
90 勝己者 : 자기보다 나은 사람.
91 無根說話 : 터무니 없는 이야기.
92 鄕人說話 : 마을 사람들이 하는 이야기.

네ᄀᆞ 엇지 아잔 말고	너희 어찌 알겠느냐
가련ᄒᆞ다 경쥬향즁[93]	가련하다 경주 고을
무인지경[94] 분명ᄒᆞ다	트인 사람 하나 없다
어진 ᄉᆞ람 잇게 드면	어진 사람 있었다면
이런 말이 웨 잇스며	이런 말이 왜 있을꼬
향듕풍속 다 던지고	미풍양속 다 버리니
이ᄂᆡ 문운[95] ᄀᆞ련ᄒᆞ다	가문 운수 가련하다
아도 못ᄒᆞᆫ 흉언괴셜[96]	저도 모를 흉악한 말
남보다가 ᄇᆡ[97]ᄂᆞ ᄒᆞ며	남보다 배나 하며
육친이 무삼 일고	육친이 무슨 일로
원슈가치 ᄃᆡ졉ᄒᆞ며	원수같이 미워하며
ᄉᆞᆯ부지수[98] 잇셔던ᄀᆞ	무슨 척을 지었기에
엇지 그리 원슈런고	그런 원수 다시 없네
은원 업시 디ᄂᆡᆫ ᄉᆞᄅᆞᆷ	은원 없던 사람들도
그 즁의 ᄡᆞ 잡펴서	그 가운데 싸잡혀서
ᄯᅩ 역시 원수 되니	그들 또한 원수 되니
조걸위혹[99] 이 안인가	몹쓸 짓들 심하구나
아무리 그리 ᄒᆡ도	아무리 그리 해도

93 慶州鄕中 : 경주 향소(鄕所)에 일보는 동아리.
94 無人之境 : 사람이 없는 곳.
95 門運 : 한 가문의 운수.
96 凶言怪說 : 흉악한 말과 괴이한 이야기.
97 倍 : 갑절, 곱절
98 殺父之讐 : 아버지를 죽인 원수.
99 助桀爲虐 : 걸과 같은 폭군을 도와서 잔학한 일을 함. 못된 사람을 부추기어 악한 짓을 하게 함.

원문	현대어
죄업시면 그ᄲᅮᆫ일세	죄 없으면 그뿐일세
아무리 그리ᄒᆞ나	그렇기는 하지마는
ᄂᆞ도 세상 ᄉᆞᄅᆞᆷ으로	나 또한 사람이니
무단이 ᄉᆞ죄 업시	이유 없는 모함이
모흠 중의 드단 말가	답답하기 그지없다
이 운수 안일너면	이내 운수 아니면
무죄ᄒᆞᆫ들 면ᄒᆞᆯ소냐	무죄한들 면했으랴
ᄒᆞ물며 이ᄂᆡ 집은	하물며 우리 집은
과문지취[100] 안일넌ᄀᆞ	대과 급제 가문일세
아서라 이ᄂᆡ 신명	아서라 이내 신명
운수도 밋지마는	운수를 믿더라도
감당도 어려오되	감당하기 어렵구나
남의 이목 살펴두고	남의 이목 번다한데
이가치 아니 말면	이같이 계속하면
세상을 능멸ᄒᆞᆫ 듯	세상을 무시하고
관장[101]을 능멸ᄒᆞᆫ 듯	관장을 능멸했다
무가ᄂᆡ라 ᄒᆞᆯᄭᅵᆯ 업ᄂᆡ	야단이니 도리없네
무극ᄒᆞᆫ 이ᄂᆡ 도는	무한한 우리 도는
ᄂᆡ 아니 갈으쳐도	내 아니 가르쳐도
운수 잇ᄂᆞᆫ 그 ᄉᆞᄅᆞᆷ은	운수 있는 사람들은
ᄎᆞᄎᆞᄎᆞᄎᆞ 바다가[102]	차차 차차 받아다가

100 科門之聚 : 대과에 급제한 사람이 있는 집안.

101 官長 : 지방의 원님을 말함.

102 바다가 : 받아서

ᄎᆞᄎᆞᄎᆞᄎᆞ 가르치니	차차차차 깨우치니
ᄂᆡ 업서도 당힝[103]일세	내 없어도 펴질 걸세
ᄒᆡᆼ쟝을 ᄎᆞ려 ᄂᆡ여	행장 꾸려 집 나가서
수천리를 경영ᄒᆞ니	수천 리 길 걸으려네
수도ᄒᆞᄂᆞᆫ ᄉᆞ람마다	수도하는 사람 모두
셩지우셩[104] ᄒᆞᄃᆞ마는	정성을 다하지만
모의미셩[105] 너의들를	아직은 모자라니
엇지ᄒᆞ고 가잔 말고	내 어떻게 떠나랴
이질 도리 젼혀 업서	잠시도 못 잊어서
만단효유[106] ᄒᆞ지마ᄂᆞᆫ	타이르고 밝혀 주나
ᄎᆞ마 못ᄒᆞᆫ 이ᄂᆡ 회포	안타까운 내 마음을
역지ᄉᆞ지[107]ᄒᆞ여쓰라	처지 바꿔 생각하소
그러ᄂᆞ ᄒᆞᆯ씰 업서	그러나 도리 없어
일됴분리[108] 도얏더라	나뉘어 헤어졌네

다섯째 마디

멀고먼 ᄀᆞᄂᆞᆫ 길의	머나먼 나그네길
ᄉᆡᆼ각ᄂᆞᆫ 이 너의로다	생각은 너희들뿐

103 當行 : 틀림없이 실행될 것이다
104 誠之又誠 : 참되고 또 참됨.
105 毛羽未成 : 털과 깃이 다 자라지 않았음. 사람이 아직 어림을 뜻한 말.
106 萬端曉諭 : 여러 가지로 알아 듣게 타이름.
107 易地思之 : 처지를 바꾸어서 생각함.
108 一朝分離 : 하루 아침에 나뉘어 헤어짐.

ᄀᆡᆨ디[109]의 외로[110] 안ᄌᆞ	객지에 홀로 앉아
엇던 ᄶᆡ는 ᄉᆡᆼ각ᄂᆞ서	어떤 때 생각하면
너의 수도ᄒᆞᄂᆞᆫ 거동	너희 수도하는 생활
귀에도 ᄌᆡᆼᄌᆡᆼ[111]ᄒᆞ며	귀에도 쟁쟁하며
눈의 ᄉᆞᆷᄉᆞᆷᄒᆞ며	눈에도 삼삼하고
엇던 ᄶᆡ는 ᄉᆡᆼ각ᄂᆞ서	어떤 때 생각하면
일ᄉᆞ위법[112]ᄒᆞᄂᆞᆫ 빗치	너희 위법하는 모습
눈의도 거살치며[113]	눈에도 거슬리며
귀의도 들니ᄂᆞᆫ 듯	귀에도 들리는 듯
아마도 너의 거동	아마도 너희 행실
일ᄉᆞ위법 분명ᄒᆞ다	어긋남이 분명하다
명명[114]ᄒᆞᆫ 이 운수ᄂᆞᆫ	휘황한 이 운수가
원ᄒᆞᆫ다고 이러ᄒᆞ며	원한다고 성취되고
바란ᄃᆞ고 이러ᄒᆞᆯ가	바란다고 성취되나
아서라 너의 거동	아서라 너희 공부
아니 봐도 보ᄂᆞᆫ 듯다	아니 봐도 본 듯하다
부ᄌᆞ유친[115] 잇지마ᄂᆞᆫ	부자유친이라 하나
운수조ᄎᆞ 유친이며	운수에 친함 있고

109 客地 : 자기 집을 멀리 떠나 있는 곳.

110 외로 : 외로이.

111 琤琤 : 지나간 소리가 잊히지 않고 귀에 울리는 듯함. 옥의 울리는 소리가 매우 아름다움.

112 日事違法 : 나날의 일과에 법도를 어김.

113 거살치며 : 거스르며.

114 明明 : 밝고 밝음.

115 父子有親 : 아버지와 아들의 도는 친애에 있음.

형제일신[116] 잇지마ᄂᆞᆫ	형제일신이라 하나
운수조ᄎᆞ 일신인가	운수도 일신이랴
너의 역시 ᄉᆞ람이면	너희 역시 사람이니
남의 수도ᄒᆞᄂᆞᆫ 법을	남의 수도하는 법을
응당이 보지마ᄂᆞᆫ	보았을 것일 텐데
엇지 그리 ᄆᆡ물[117]ᄒᆞᆫ고	어찌 그리 어두운가
지각 읍ᄂᆞᆫ 이것드라	철없는 사람들아
ᄂᆞᆷ의 수도 본을 바다	남 하는 수도 따라
성디우성[118] 공경ᄒᆡ셔	정성껏 공경해서
정심수신[119] ᄒᆞ엿시라	몸과 마음 바로하소
아무리 그러ᄒᆡ도	아무리 그러해도
이ᄂᆡ 몸이 일이[120] 되니	이내 사정 이리 되니
은덕이야 잇지마는	도울 마음 있지마는
도셩입덕[121]ᄒᆞᄂᆞᆫ 법은	도통하는 방법은
ᄒᆞᆫ 가지ᄂᆞᆫ 정성이오	한 가지는 정성이요
ᄒᆞᆫ 가지ᄂᆞᆫ ᄉᆞ람이라	한 가지는 사람이라
부모의 가라치믈	부모의 가르침을
아니 듯고 낭유[122]ᄒᆞ면	아니 듣고 허랑하면

116 兄弟一身 : 형과 아우는 한 몸이 됨.
117 昧沒 : 어둡고 모름.
118 誠之又誠 : 참되고 또 참됨.
119 正心修身 : 마음을 바르게 하고 몸을 닦음.
120 일이 : 이렇게
121 道成立德 : 도를 닦아서 이루어 덕을 세움.
122 浪遊 : 허망하게 놂.

금수의 ᄀᆞ직ᄒᆞ고[123]	금수와 한가지라
ᄌᆞ힝ᄌᆞ지[124] 안일넌ᄀᆞ	저 하기 나름이니
우숩다 너의 ᄉᆞ람	우습다 너희 사람
ᄂᆞᄂᆞᆫ 도시 모를너라	나는 도시 모르겠다
부자형제 그 가운ᄃᆡ	부자형제 그 가운데
도셩입덕 각각이라	속알 세움 각각이라
ᄃᆡ져 세상 ᄉᆞᄅᆞᆷ 즁의	대저 세상사람 중에
정셩 잇ᄂᆞᆫ 그 ᄉᆞᄅᆞᆷ은	정성 있는 그 사람은
어진 ᄉᆞᄅᆞᆷ 분명ᄒᆞ니	어진 사람 분명하니
작심[125]으로 본을 보고	따라야 마땅한데
정셩공경 업단말가	어째서 무시하나
ᄋᆡ달ᄒᆞ다[126] 너의들은	애달프다 너희들
출등[127]ᄒᆞᆫ 현인들은	현인이 되는 것은
바릴 쥴 아니로되	바라지 않더라도
ᄉᆞ람의 아ᄅᆡ 되고	사람의 아래 되고
도덕의 못 미츠면	도덕이 모자라면
ᄌᆞ작지얼[128]이라도	제가 만든 재앙이나
ᄂᆞᄂᆞᆫ ᄯᅩᄒᆞᆫ ᄒᆞᆫ이로다	나에게는 한이로다
운수야 조커니와	운수야 좋더라도

123 ᄀᆞ직ᄒᆞ고 : 거리가 좀 가깝고.
124 自行自止 : 하고 싶으면 하고 말고 싶으면 말아서 마음대로 함.
125 作心 : 마음을 도슬러 먹음.
126 ᄋᆡ달ᄒᆞ다 : 애달프다.
127 出等 : 뛰어남.
128 自作之孽 : 자기가 한 일로 말미암아 일어나게 된 재앙.

닥가야 도덕이라	닦아야 도덕이라
너의라 무슨 팔ᄌᆞ	너희라 무슨 팔자
불노ᄌᆞ득[129]되단 말가	불로소득 한단 말가
ᄒᆡ음[130] 업ᄂᆞᆫ 이것들아	분별 없는 사람들아
날노 밋고 그러ᄒᆞ냐	나를 믿고 그러하냐
ᄂᆞᄂᆞᆫ 도시 밋디 말고	나는 도시 믿지 말고
ᄒᆞᄂᆞᆯ님을 미덧셔라	하느님을 믿으소
네 몸의 모셔시니	너희 몸에 모시고서
ᄉᆞ근취원[131]ᄒᆞ단 말가	먼 곳을 본단 말가
ᄂᆡ 역시 바라기ᄂᆞᆫ	내 역시 바라기는
ᄒᆞᄂᆞᆯ님만 젼여 밋고	하느님만 굳게 믿고
ᄒᆡ몽[132] 못ᄒᆞᆫ 너의들은	몽매한 너희들이
셔ᄎᆡᆨ[133]은 아죠 폐코	서책을 치워 놓고
수도ᄒᆞ기 힘쓰기ᄂᆞᆫ	수도에만 힘쓰는 것
그도 또ᄒᆞᆫ 도덕이라	그것이 도덕이라
문쟝이고 도덕이고	문장이고 도덕이고
귀어허ᄉᆞ[134]될가 보다	허사가 될 것 같다
열세ᄌᆞ[135] 지극ᄒᆞ면	열세 자 지극하면

129 不勞自得 : 생산적 노동에 종사하지 아니하고 저절로 소득이 생김.

130 ᄒᆡ음 : 헤아림. 분별.

131 捨近取遠 : 가까운 것을 버리고 먼 것을 가짐.

132 解蒙 : 몽매함을 깨달음.

133 書冊 : 사람의 사상이나 감정이나 또는 지식을 글자나 그림 따위로 기록하여 꿰어 맨 것. 판박이와 붓으로 쓴 것이나 그런 것을 통틀어 일컬음.

134 歸於虛事 : 헛된 일로 돌아감.

135 열세자 : "하느님을 모시면 신비가 체득되고 하느님을 길이 잊지 않으면 모든 일이 이해됩니다(侍天主 造化定 永世不忘 萬事知)"라는 주문.

만권시서[136] 무엇ᄒᆞ며	만권서 무엇하나
심ᄒᆞᆨ[137]이라 ᄒᆞ여스니	심학이라 하였으니
불망기의[138] ᄒᆞ엿서라	그 뜻을 잊지 말라
현인군ᄌᆞ 될 거시니	현인군자 될 것인데
도셩입덕 못 미칠가	갈 길을 못 찾을까
이가치 쉬운 도를	이같이 쉬운 도를
ᄌᆞ포ᄌᆞ기[139]ᄒᆞᆫ단 말가	자포자기 한단 말가
ᄋᆡ달다 너의 ᄉᆞ람	애달프다 너희 사람
엇지 그리 ᄆᆡ물ᄒᆞᆫ고	어찌 그리 몽매한고
탄식ᄒᆞ기 괴롭도다	탄식하기 괴롭도다
요순 가튼 셩현들도	요순 같은 성현들도
불초자식[140] 두엇시니	불초자식 두었으니
ᄒᆞᆫᄒᆞᆯ 거시 업다마는	한할 것이 없다마는
우션[141]의 보ᄂᆞᆫ 도리	당장 보는 허물들에
울울[142]ᄒᆞᆫ 이ᄂᆡ 회포	답답한 이내 회포
금ᄎᆞ[143]ᄒᆞ니 ᄂᆞᆫ감[144]이오	못하게 할 수 없고

136 萬卷詩書 : 수많은 책들.

137 心學 : 마음의 본체를 밝히고, 그 마음 바탕에 따라 실천하는 일에 힘쓰는 마음 공부. 성리학 또는 주자학이라고도 함.

138 不忘其意 : 그 뜻을 잊지 않음.

139 自暴自棄 : 도의상의 옳은 일을 알면서도 몸을 스스로 버려서 수습하지 아니함.

140 不肖子息 : 제 집안 어른의 덕행을 대받지 못하는 자손.

141 于先 : 어떤 일을 함에 있어 예비적으로 먼저.

142 鬱鬱 : 마음이 상쾌하지 아니하고 가슴이 아주 답답함.

143 금ᄎᆞ : 못하게 말리자.

144 難堪 : 감당하기 어려움.

두ᄌᆞᄒᆞ니 ᄋᆡ달ᄒᆡ셔	그냥 둘 순 더욱 없어
강작[145]히 지은 문ᄌᆞ	힘써 지은 글이니
귀귀ᄌᆞᄌᆞ[146] 살펴ᄂᆡ야	열심히 공부하소
방탕지심 두지 말고	게으름을 버리고
이ᄂᆡ 경계 바다ᄂᆡ야	이내 경계 받아내어
셔로 만ᄂᆞᆯ 그 시졀의	서로 만날 그 시절에
괄목상ᄃᆡ[147] 되게 드면	괄목상대 하게 되면
질겁기ᄂᆞᆫ 고ᄉᆞᄒᆞ고	즐거울 뿐 아니라
이ᄂᆡ 집안 큰 운수라	동학 가문 큰 운수라
이 글 보고 ᄀᆡ과[148]ᄒᆞ야	이 글 보고 허물 고쳐
ᄂᆞᆯ 본 다시 수도ᄒᆞ라	날 본 듯이 수도하소
부ᄃᆡ부ᄃᆡ 이 글 보고	부디부디 이 글 보고
ᄂᆞᆷ과 가치 ᄒᆞ엿스라	남과 함께 공부하소
너의 역시 그러타가	너희 역시 그러다가
말ᄂᆡ지ᄉᆞ[149] 불민[150]ᄒᆡ면	끝까지 못 깨치면
ᄂᆞᆯ노 보고 원망ᄒᆞᆯ가	나를 보고 원망할까
ᄂᆡ 역시 이 글 젼ᄒᆡ	내 역시 이 글 전해
효험 업시 되게 드면	보람을 못 거두면

145 强作 : 억지로 힘씀.

146 句句字字 : 한 구절 한 구절 한 글자 한 글자.

147 刮目相對 : 전에 비하여 딴 사람으로 볼 만큼 잘된 이를 만나 눈을 비비고 다시 보며 대면함. 남의 학식이 부쩍 는 것을 칭찬하여 이르는 말.

148 改過 : 허물을 고침.

149 末路之事 : 가는 길의 마지막에 처한 사정. 인생이 끝날 무렵의 형편.

150 不敏 : 우둔하여 민첩하지 못함.

네 신슈[151] ᄀᆞ련ᄒᆞ고
이ᄂᆡ 말 헷말 되면
그 역시 수치로다
너의 역시 ᄉᆞᄅᆞᆷ이면
ᄉᆡᆼ각고 ᄉᆡᆼ각ᄒᆞᆯ가

너희 운수 가련하고
내 말이 헛말 되면
그 역시 수치로다
너희 역시 사람이면
생각하고 생각하소

151 身數 : 한 몸의 운수.

안심가

경신(1860)

첫째 마디

현숙[1]ᄒᆞᆫ ᄂᆡ집 부녀	현숙한 내 집 부녀
이 글 보고 안심ᄒᆞ쇼	이 글 보고 안심하소
ᄃᆡ져 ᄉᆡᆼ령[2] 초목군ᄉᆡᆼ[3]	푸나무와 짐승 사람
ᄉᆞᄉᆡᆼ직천[4] 안일넌가	하느님이 거두시네
ᄒᆞ물며 만물지간[5]	하물며 만물 중에
유인이 최령[6]일네	사람이 으뜸일세
ᄂᆞ도 ᄯᅩᄒᆞᆫ ᄒᆞᄂᆞᆯ님께	나도 또한 하느님께
명복[7]바다 출세ᄒᆞ니	얼을 받아 출생했네
ᄌᆞ아시[8] 지ᄂᆡᆫ 일을	지금까지 지낸 일을
력력히 혜여 보니	역력히 헤어 보니

1 賢淑 : 여자의 마음이 어질고 깨끗함.
2 生靈 : 목숨. 백성.
3 草木群生 : 풀나무와 일반 생물.
4 死生在天 : 죽고 사는 것이 하늘에 있음.
5 萬物之間 : 온 세상에 있는 모든 물건 가운데.
6 唯人最靈 : 오직 사람이 가장 신령스럽다.
7 命福 : 목숨과 복록.
8 自兒時 : 어린 아이 때로부터 지금까지.

쳡쳡[9]이 험ᄒᆞᆫ 일을	거듭 겪은 험한 일들
당코 ᄂᆞ니 고ᄉᆡᆼ일네	고생살이였지마는
이도 역시 텬졍[10]이라	하느님이 정했으니
무가ᄂᆡ[11]라 ᄒᆞᆯ ᄭᅵᆯ 업다	어찌할 길 없었네
그 모로ᄂᆞᆫ 쳐ᄌᆞ드른	그 모르는 처자들은
유의유식[12] 귀공ᄌᆞ를	놀고 먹는 귀공자를
흠션[13]히셔 ᄒᆞᄂᆞᆫ 말이	부러워서 흠모하며
신션인가 ᄉᆞ람인가	신선인가 사람인가
일텬지ᄒᆞ[14] ᄉᆡᆼ긴 몸이	같은 땅에 사는데
엇지 져리 갓ᄌᆞ는고	같은 것이 없구나
앙텬탄식[15]ᄒᆞᄂᆞᆫ 말을	탄식하는 그 말을
보고 ᄂᆞ니 ᄒᆞᆫ숨이요	보고 나니 한숨이요
듯고 ᄂᆞ니 눈물이라	듣고 나니 눈물이라
ᄂᆡ 역시 ᄒᆞᄂᆞᆫ 말이	내 또한 말하기를
비감회심[16] 두지 말고	슬퍼만 하지 말고
ᄂᆡ말 잠간 드러시라	내 말 잠깐 들어보라
호텬금궐[17] 상제님도	천주이신 상제님도

9 疊疊 : 거듭거듭 포갬포갬.
10 天定 : 하늘의 분부로 작정됨.
11 無可奈 : 어찌할 수가 없이 됨.
12 遊衣遊食 : 놀고 입고 놀고 먹음.
13 欽羨 : 공경하여 부러워 함.
14 一天之下 : 한 아늘 아래.
15 仰天歎息 : 하늘을 우러러 탄식함.
16 悲感悔心 : 슬픈 느낌과 뉘우치는 마음.
17 昊天金闕 : 넓고 큰 하늘에 있는, 훌륭한 궁궐.

불ᄐᆡᆨ션악[18] ᄒᆞ신다ᄂᆡ	선악 차별 안 하시니
ᄌᆞ조졍 공경[19] 이ᄒᆞ	고관이나 백성이나
ᄒᆞᄂᆞᆯ님쎄 명복 바다	하느님께 복록 받아
부귀ᄌᆞᄂᆞᆫ 공경이요	부귀한 자 고관이요
빈쳔ᄌᆞᄂᆞᆫ ᄇᆡᆨ셩이라	빈천한 자 백성이라
우리 ᄯᅩᄒᆞᆫ 빈쳔ᄌᆞ로	우리는 백성으로
초야[20]의 ᄌᆞ라ᄂᆞ셔	초야에서 자라나
유의유식 귀공ᄌᆞ[21]는	놀고 먹는 귀공자를
앙망불급[22] 안일넌가	우러러야 하릴없네
복녹은 ᄃᆞ 바리고	복록은 고사하고
구셜앙화[23] 무셥더라	구설수에 오르리라
졸부귀 불상[24]이라	벼락부자 재앙인 건
만고유젼[25] 안일넌ᄀᆞ	모두 아는 사실일세
공부ᄌᆞ[26] ᄒᆞ신 말ᄉᆞᆷ	공자님 하신 말씀
안빈낙도[27] ᄂᆡ 안인가	안빈낙도 아닌가
우리라 무슨 팔ᄌᆞ	우리라 무슨 팔자

18 不擇善惡 : 선과 악을 가리지 않음.
19 自朝廷公卿 : 정부의 높은 벼슬아치로부터.
20 草野 : 시골의 궁벽한 땅.
21 貴公子 : 존귀한 집안의 젊은이.
22 仰望不及 : 우러러 바라도 미치지 못함.
23 口舌殃禍 : 시비하고 비방하는 말이 끼치는 재앙.
24 猝富貴不祥 : 별안간 부유하고 존귀하게 되는 것은 상서롭지 못함.
25 萬古流傳 : 썩 먼 옛적에서부터 널리 퍼짐.
26 孔夫子 : 공자를 높여서 부르는 말.
27 安貧樂道 : 가난한 처지에서도 평안한 마음으로 도를 즐김.

고진감ᄂᆡ[28] 업슬소냐	고생 없이 행복하랴
홍진비ᄅᆡ[29] 무셥더라	기쁨 가면 슬픔 오니
ᄒᆞᆫ탄 말고 지ᄂᆡ 보세	한탄 말고 지내 보세

둘째 마디

이러그러 지ᄂᆡᄂᆞᆫ니	이럭저럭 지내다가
거연[30] ᄉᆞ십 되얏더라	어느덧 사십 되니
ᄉᆞ십 평ᄉᆡᆼ 이 ᄲᅮᆫ인가	사십 평생 이뿐인가
무가ᄂᆡ라 할씰 업ᄂᆡ	할 수 있는 것이 없네
가련ᄒᆞ다 우리 부친	가련하다 우리 부친
귀미산졍[31] 지을 씩에	용담정 지을 때에
ᄂᆞᆯ 줄ᄂᆞ고 지엇던가	날 주려고 지었는데
ᄒᆞᆯ 씰 업셔 무가ᄂᆡ라	무직이니 쓸데없네
텬불ᄉᆡᆼ무록지인[32]이라	하늘이 주는 직분
이 말이 그 말인가	나에게는 어찌 없나
곰곰이 ᄉᆡᆼ각ᄒᆞ니	곰곰이 생각하니
이도 역시 텬졍일네	이 또한 하느님 뜻
ᄒᆞᄂᆞᆯ님이 졍ᄒᆞ시니	하느님이 정하시니

---

28 苦盡甘來 : 고생이 다하면 즐거움이 옴.

29 興盡悲來 : 세상 일이 순환됨을 가리키는 말. 곧 즐거운 일이 지나가면 슬픈 일이 닥쳐 온다는 뜻.

30 居然 : 알지 못하는 사이에 슬그머니. 별로 변동 없이 쉽사리.

31 龜尾山亭 : 구미산 밑에 최제우의 아버지 최옥이 남긴 용담정.

32 天不生無祿之人 : 하늘은 녹이 없는 사람을 내지 않음. 하늘은 모든 사람에게 직분을 준다는 뜻.

반수기앙[33] 무셥더라	억지로 못 할지라
무정세월 여류파[34]라	물 같은 세월이
칠팔삭[35] 지ᄂᆡ나니	여덟 달쯤 흘러가고
ᄉᆞ월이라 초오일의	사월달 초닷새에
ᄭᅮᆷ일넌가 잠일넌가	꿈인가 생시인가
텬디가 아득ᄒᆡ셔	천지가 아득하고
정신수습[36] 못ᄒᆞᆯ너라	정신이 어두운데
공듕의셔 외ᄂᆞᆫ 쇼리	공중에서 소리 있어
텬디가 딘동ᄒᆞᆯ ᄶᅥ	천지가 진동하네
집안 ᄉᆞ람 거동 보쇼	집사람 거동 보소
경황실식[37] ᄒᆞᄂᆞᆫ 말이	놀라서 하는 말이
ᄋᆡ고ᄋᆡ고 ᄂᆡ 팔자야	애고애고 내 팔자야
무ᄉᆞᆷ 일노 이러ᄒᆞᆫ고	무슨 일로 이러한고
ᄋᆡ고ᄋᆡ고 ᄉᆞ람들아	애고애고 사람들아
약도 ᄉᆞ 못ᄒᆡ 볼가	약도 없는 병일세
침침칠야[38] 져문 밤의	캄캄한 이 밤에
눌노 ᄃᆡᄒᆡ 이 말 ᄒᆞᆯ고	누구에게 하소할꼬
경황실식 우ᄂᆞᆫ ᄌᆞ식	두려워 우는 애들
구석마다 ᄭᅵ여 잇고	구석마다 누웠는데

33 反受其殃 : 도리어 그 앙화를 받음.
34 如流波 : 흐르는 물결같이 빠름.
35 七八朔 : 일고 여덟 달.
36 精神收拾 : 산란한 정신을 가라앉히어 바로잡음.
37 驚惶失色 : 놀라고 두려워 얼굴빛이 달라짐.
38 沈沈漆夜 : 사물이 보이지 않을 정도로 어둡고 아주 캄캄한 밤.

ᄐᆡᆨ[39]의 거동 볼작시면	아내 거동 볼작시면
ᄌᆞ방머리[40] 힝ᄌᆞ치마	산발에 행주치마
업퍼지면 잡바지며	엎어지며 자빠지며
종종 거름 ᄒᆞᆫ창 ᄒᆞᆯ ᄊᆡ	정신없이 우왕좌왕
공듕의서 외ᄂᆞᆫ 소리	이때에 공중 음성
물구물공[41] ᄒᆞ엿스라	무서워하지 말라
호텬금궐[42] 상졔님을	천주이신 상제님을
네ᄀᆞ 엇지 알가보냐	네가 어찌 알겠느냐
초야의 무친 인ᄉᆡᆼ	초야에 묻힌 인생
이리 될 쥴 알앗던가	이리 될 줄 몰랐으리
ᄀᆡ벽시[43] 국초 일을	천지를 개벽하고
만지쟝서[44] ᄂᆞ리시고	세상일을 정할 때에
십이제국[45] ᄃᆞ 바리고	여러 나라 다 버리고
아국 운수 먼져 ᄒᆞ네	조선 운수 정했다네
그럭져럭 창황실ᄉᆡᆨ[46]	한참 동안 쩔쩔매다
정신수습 되엇더라	정신을 수습했네

39 宅 : 친정의 동네 이름 밑에 붙여서 부르는 명칭. 여기서는 아내를 가리킴.

40 ᄌᆞ방머리 : 갈기갈기 흐트러진 여인의 머리터럭.

41 勿懼勿恐 : 두려워 말고 무서워 말라.

42 昊天金闕 : 하늘에 있는 훌륭한 궁궐.

43 開闢時 : 천지가 처음 생길 때.

44 滿紙長書 : 사연을 많이 적은 편지.

45 十二諸國 : 중국 춘추 시대의 12강국. 노(魯), 위(衛), 진(晋), 정(鄭), 조(曹), 채(蔡), 연(燕), 제(齊), 진(陳), 송(宋), 초(楚), 진(秦). 여기서는 온 세상의 모든 나라들을 가리킴.

46 倉皇失色 : 어찌 할 겨를이 없이 매우 급하여 얼굴빛이 달라짐.

셋째 마디

그럭져럭 장등달야[47]	등 밝힌 한밤중에
ᄇᆡᆨ지 펴라 분부ᄒᆞ니	백지 펴라 분부하네
창황실ᄉᆡᆨ ᄒᆞ ᄭᅵᆯ 업셔	어찌할 길이 없어
ᄇᆡᆨ지 폐고 붓슬 드니	백지 펴고 붓을 드니
ᄉᆡᆼ젼 못본 물형부[48]ᄀᆞ	못 보던 형상이
됴의 우에 완연[49]터라	종이 위에 뚜렷하다
ᄂᆡ 역시 졍신 업셔	내가 역시 정신없어
쳐ᄌᆞ 불너 뭇ᄂᆞᆫ 말이	처자 불러 물어 봤네
이 왼 일고 이 왼 일고	이것이 무엇일까
져런 부 더러 본가	저런 부적 보았는가
ᄌᆞ식이 ᄒᆞᄂᆞᆫ 말이	자식이 하는 말이
아바님 이 왼 일고	무슨 일이십니까
졍신수습ᄒᆞᄋᆞᆸ소셔	정신수습 하십시오
ᄇᆡᆨ지 폐고 붓슬 드니	백지 펴고 붓을 들어
물형부 잇단 말ᄉᆞᆷ	부적형상 그렸다는
그도 ᄯᅩᄒᆞᆫ 혼미[50]로다	헛된 말씀 마십시오
ᄋᆡ고ᄋᆡ고 어마님아	애고애고 어머님
우리 신명 이 왼 일고	불운한 우리 신세
아바님 거동 보쇼	아버님 거동 보소

47 長燈達夜 : 밤새도록 등불을 켜 놓고 밤을 세움.

48 物形符 : 물건의 형상을 그린 부적.

49 宛然 : 눈 앞에 또렷하게 나타남. 모양이 방불함.

50 昏迷 : 마음이 어두워서 흐리멍덩함.

져런 말ᄉᆞᆷ 어ᄃᆡ 잇노	알 수 없는 저런 말씀
모ᄌᆞ가 마됴 안ᄌᆞ	모자가 마주 앉아
슈파통곡[51] ᄒᆞᆫ창 ᄒᆞᆯ ᄊᆡ	손을 잡고 우는데
ᄒᆞᄂᆞᆯ님 ᄒᆞ신 말삼	하느님이 이르시되
지각 업ᄂᆞᆫ 인ᄉᆡᆼ들아	지각 없는 인생들아
삼신산[52] 불ᄉᆞ약을	삼신산 불사약을
ᄉᆞ람마다 볼ᄀᆞ 보냐	누구나 보겠느냐
미련ᄒᆞᆫ 이 인ᄉᆡᆼ아	미련한 이 인생아
네가 다시 그려 ᄂᆡ셔	네가 다시 그리고
그룻 안의 살아 두고[53]	불살라 남은 재를
ᄂᆡᆼ수 일ᄇᆡ[54] ᄶᅥ다ᄀᆞ셔	기도하며 물에 타서
일장탄복[55] ᄒᆞ엿스라	천천히 삼켜보라
이 말ᄉᆞᆷ 드른 후의	이 말씀 들은 후에
밧비 ᄒᆞᆫ 쟝 그려 ᄂᆡ야	바삐 한 장 그려내어
믈의 타셔 먹어 보니	물에 타서 먹어보니
무셩무취[56] 다시 업고	냄새 없고 맛 없으나
무ᄌᆡ미지특심[57]이라	느낌은 특별하여

51 手把痛哭 : 손을 마주 잡고 통곡함.

52 三神山 : 중국 전설에 동쪽 바다 복판에 있어 신선이 산다는 봉래(蓬萊), 방장(方丈), 영주(瀛洲)의 세 산. 우리 나라의 금강, 지리, 한라의 세 산을 신비롭게 일컫는 말.

53 살아두고 : 불에 태워 놓고.

54 冷水一杯 : 찬물 한 잔.

55 一張呑服 : 한 장을 물에 타서 삼킴.

56 無腥無臭 : 비린내도 없고 나쁜 냄새도 없음.

57 無滋味之特心 : 좋은 맛이 없는 가운데 마음에 독특하게 느껴짐.

그럭저럭 먹은 부[58]가	그럭저럭 먹은 것이
수ᄇᆡᆨ장이 되얏더라	수백 장 되었네
칠팔삭 디ᄂᆡᄂᆞ니	여덟 달쯤 지나니
가는 몸이 굴거지고	가는 몸이 굵어지고
검던 낫치 희여 지ᄂᆡ	검던 낯이 희어졌네
어화 세상 ᄉᆞ람들라	어와 세상사람들아
션풍도골[59] ᄂᆡ 안인ᄀᆞ	신선 풍채 내 아닌가
조흘시고 조흘시고	좋고도 또 좋구나
이ᄂᆡ 신명[60] 조흘시고	몸과 얼이 다 좋구나
불노불ᄉᆞ[61] ᄒᆞ단 말ᄀᆞ	늙음 죽음 어디 있나
만승[62]텬ᄌᆞ 딘시황[63]도	독재자 진시황도
여산[64]의 누어 잇고	여산에 묻혀 있고

---

58 符 : 부적. 불가·도가에서 기도하는 데 쓰는 야릇한 글자를 적은 종이. 못된 귀신을 쫓고 재앙을 물린다 이름. 종이를 태워 재를 물에 타 마시는 것은 콜레라가 돌던 당시(1821-1824)에 쓰던 민간요법인데 탄소가 창자의 기능을 도와주므로 설사를 그치게 할 수 있음. 동학에서 그것은 인간이 우주적 존재라는 사실을 확인하는 제의(祭儀)로서 우주의 기본 원소들인 지(재) 수(물) 화(태움) 풍(마심)을 결합하는 행동이 됨.

59 仙風道骨 : 신선의 풍채와 도인의 골격, 외모가 뛰어나서 고아청초(古雅淸楚)한 기분이 있음을 가리키는 말.

60 身命 : 몸뚱이와 목숨.

61 不老不死 : 늙지도 아니하고 죽지도 아니함.

62 萬乘 : 일만 채의 수레. 일만 채의 싸움 수레〔戰車〕를 소유하는 천자(天子)의 자리.

63 秦始皇 : 중국 전국시대 진나라의 임금. 이름은 정(政). 6국을 통일하고 황제위에 올랐으며 만리장성(萬里長城)을 완성하였음.

64 驪山 : 지금의 섬서성(陝西省) 임동현(臨潼縣)의 동남에 있던 지명. 진시황의 능이 있고, 또 당(唐) 현종(玄宗)이 여기에 화청궁(華淸宮)을 지었음.

ᄒᆞᆫ무제[65] 승노반[66]도　　한무제 이슬 먹고
우숩 바탕 도얏더라　　웃음거리 되었더라
조흘시고 조흘시고　　좋고 또 좋구나
이ᄂᆡ 신명 조흘시고　　몸과 얼이 다 좋구나
영세무궁[67]ᄒᆞ단 말가　　불변 진리 이 아닌가
조흘시고 조흘시고　　좋고 또 좋구나
금을 준들 박굴소냐　　금을 준들 바꿀쏘냐
은을 준들 박굴소야　　은을 준들 바꿀쏘냐
진지황 ᄒᆞᆫ무제가　　진시황 한무제가
무엇 업셔 죽어ᄂᆞᆫ고　　무엇 없어 죽었던가
ᄂᆡ가 긋ᄯᆡ ᄂᆞ셔쓰면　　내가 그때 있었다면
불ᄉᆞ약을 숀의 들고　　불사약을 손에 들고
됴롱만샹[68]ᄒᆞ올 거슬　　맘껏 조롱했을 것을
늣ᄀᆡ ᄂᆞ니 ᄒᆞᆫ이로다　　늦게 나서 한이로다
조흘시고[69] 됴흘시고　　좋고 또 좋구나
이ᄂᆡ 신명 조흘시고　　몸과 얼이 다 좋구나

---

65 漢武帝 : 서한 제 7대의 임금. 이름은 철(徹). 재위 54년. 유교를 정치교화의 근본으로 함.

66 承露盤 : 죽음을 면하기 위하여 한무제는 뒤에 도교를 신앙하여 구리로 신선의 상을 세운 후 그 손 위에 옥반(玉盤)을 놓아 이슬을 받아 먹었음.

67 永世無窮 : 오래 오래 지내도 다함이 없음.

68 嘲弄萬狀 : 여러 가지로 조롱함.

69 됴흘시고 : 원래 '좋다'는 깨끗하다는 뜻이며, '둏다'는 좋다는 뜻이었으나, 용담유사에는 이 두 말이 통용되고 있음.

넷째 마디

그 모르ᄂᆞᆫ 세상 ᄉᆞᄅᆞᆷ	무지한 세상사람
ᄒᆞᆫ 장 ᄃᆞ고 두 장 ᄃᆞ고	한 장 다오 두 장 다오
비틀비틀[70] ᄒᆞᄂᆞᆫ 말이	비굴하게 하는 말이
져리 되면 신션인가	저런 것이 신선인가
칙칙ᄒᆞᆫ[71] 세상 ᄉᆞ람	곱지 못한 세상사람
승긔ᄌᆞ[72] 시려ᄒᆞᆯ 쥴	잘난 사람 싫어할 줄
엇지 그리 아라쩐고	어찌 그리 알았던가
답답ᄒᆡ도 ᄒᆞ 찔업다	답답해도 할 길 없네
ᄂᆡ도 ᄯᅩᄒᆞᆫ ᄒᆞᄂᆞᆯ님게	내가 직접 하느님께
분부바다 그린 부를	분부받아 그린 부적
금수 가튼 너의 몸의	금수 같은 너희 몸에
불ᄉᆞ약이 미츨소야	불사약이 가당하랴
가소롭다 가쇼롭다	가소롭다 가소롭다
너의 음ᄒᆡ[73] 가쇼롭다	너희 음해 가소롭다
신무쇼범[74] ᄂᆡ ᄲᅮᆫ이다	잘못한 짓 없으니
면무참ᄉᆡᆨ[75] 네가 알가	부끄러움 전혀 없다
ᄋᆡ달ᄒᆞ다[76] ᄋᆡ달ᄒᆞ다	애달프다 애달프다
너의 음ᄒᆡ ᄋᆡ달ᄒᆞ다	너희 음해 애달프다

---

70 비틀비틀 : 바르고 당당하지 못한 모양.
71 칙칙ᄒᆞᆫ : 곱지 못한.
72 勝己者 : 자기보다 나은 사람.
73 陰害 : 넌지시 남을 해함.
74 身無所犯 : 몸에 허물을 범한 일이 없음.
75 面無慙色 : 얼굴에 부끄러워 하는 빛이 없음.
76 ᄋᆡ달ᄒᆞ다 : 애달프다.

우리야 져럴딘된	우리 사는 세상에는
머ᄌᆞ는[77] 셰월의도	가까운 세월에
괴딜[78]발일 졍[79]이 업다	돌림병 염려 없다
쒸고 보고 먹고 보세	놀고 보고 먹고 보세
요악ᄒᆞᆫ 고 인물이	고약한 그 사람들
할 말이 바이 업셔	헐뜯을 근거 없어
셔ᄒᆞᆨ[80]이라 이름ᄒᆞ고	서학이라 몰아대네
웬 동ᄂᆡ[81] 웨ᄂᆞᆫ 말이	온동네 다니면서
ᄉᆞ망[82]련 져 인물이	요망한 저 사람
셔ᄒᆞᆨ의ᄂᆞ ᄡᆞ ᄌᆞ필가[83]	서학이라 외어대니
그 모르ᄂᆞᆫ 세상 ᄉᆞᄅᆞᆷ	무지한 세상사람
그 거르ᄉᆞ[84] 말이라고	그것을 말이라고
취켜[85] 들고 ᄒᆞᄂᆞᆫ 말이	추켜들고 하는 말이
용담의ᄂᆞᆫ 명인 ᄂᆞ셔	용담에 명인 나서
범도 되고 용도 되고	범도 되고 용도 되고
셔ᄒᆞᆨ의ᄂᆞᆫ 용터라고[86]	서학에도 용하다고

---

77 머ᄌᆞ는 : 멀지 않은

78 怪疾 : 병상(病狀)이 기괴하여 원인을 알 수 없는 이상스러운 병. 여기서는 콜레라를 가리킴.

79 발일 졍 : 일으킬 염려.

80 西學 : 예수교를 서양의 학문이라는 뜻으로 이르는 말.

81 웬 동ᄂᆡ : 온 마을에.

82 邪妄 : 간사하고 요망함. '련'은 '헌'의 오각.

83 ᄡᆞᄌᆞ필가 : 싸 잡힐까.

84 거르ᄉᆞ : 것을. ᄉᆞ는 강세 접미사.

85 취켜 : 추켜

86 용터라고 : 용하더라고

종종거름치ᄂᆞᆫ 말을
력력히 못ᄒᆞᆯ노라
거록ᄒᆞᆫ ᄂᆡ 집 부녀
이 글 보고 안심ᄒᆞ소
소위 셔ᄒᆞᆨᄒᆞᄂᆞᆫ ᄉᆞ람
암만 봐도 명인 업ᄃᆡ
셔ᄒᆞᆨ이라 이름ᄒᆞ고
ᄂᆡ 몸 발쳔[87]ᄒᆞ렷던가
초야의 무친 ᄉᆞ람
ᄂᆞ도 ᄯᅩᄒᆞᆫ 원이로다
ᄒᆞᄂᆞᆯ님게 바든 ᄌᆡ주
만병회춘[88]되지마ᄂᆞᆫ
이ᄂᆡ 몸 발쳔되면
ᄒᆞᄂᆞᆯ님이 듀실ᄂᆞᆫ가
듀시기만 줄짝시면
편작[89]이 다시 와도
이ᄂᆡ 션약[90] 당ᄒᆞᆯ소냐
만세명인[91] ᄂᆞ쁜니다.

떠들어 대는 말을
다 옮기기 어려워라
거룩한 내 집 부녀
이 글 보고 안심하소
소위 서학 하는 사람
암만 봐도 명인 없네
서학이라 이름하며
제 몸밖에 모르도다
초야에 묻혔으나
내게도 원이 있네
하느님께 받은 진리
모든 병에 약이 되나
세상에 나서도
하느님이 주실까
주시기만 주신다면
어떤 의사 온다 해도
이 선약을 당할쏘냐
만세 명인 나뿐이다

87 發闡 : 앞길을 열어서 세상에 나섬. 열어서 드러냄.
88 萬病回春 : 모든 질병이 나아서 다시 건강이 회복됨.
89 扁鵲 : 중국 전국 시대의 명의(名醫). 발해 사람으로 성은 진(秦)이고 이름은 월인(越人).
90 仙藥 : 신선이 만든다는 장생불사의 환약.
91 萬世名人 : 영원히 뛰어난 사람.

다섯째 마디

가련ᄒᆞ다 가련ᄒᆞ다	가련하다 가련하다
아국 운수 가련ᄒᆞ다	나라 운수 가련하다
젼세 임진[92] 몃 힐넌고	임진왜란 언제 났나
이ᄇᆡᆨᄉᆞ십[93] 안일넌가	이백사십 년 전일세
십이제국 괴질 운수[94]	온 세상에 병이 도니
다시 ᄀᆡ벽 안일넌가	개벽이 가깝도다
요순젼세[95] 다시 와셔	요순시절 다시 와서
국ᄐᆡ민안[96] 되지마ᄂᆞᆫ	태평천하 될 것이나
긔험[97]ᄒᆞ다 긔험ᄒᆞ다	사납구나 사납구나
아국 운수 긔험ᄒᆞ다	나라 운수 사납구나
ᄀᆡ 갓튼 왜적 놈아	개 같은 왜적 놈아
너의 신명 도라보라	너희 한 짓 돌아보라
너의 역시 ᄒᆞ륙[98]히셔	너희들 생겨난 후
무슨 은덕 잇셧던고	잘한 짓이 전혀 없네
젼세 임진 그 ᄯᆡ라도	임진왜란 그때에

92 前歲壬辰 : 지나간 임진년. 임진왜란이 있었던 1592년을 가리킴.

93 二百四十 : 이 글이 씌어진 때보다 앞에 있는 임진년은 1832년이니, 여기서부터 따지면 1592년은 240년 전이 됨.

94 十二諸國 怪疾運數 : 온 세상을 야릇한 병이 휩쓰는 몹쓸 운수.

95 堯舜聖世 : 고대 중국의 요와 순의 어진 두 임금이 다스리던 좋은 세상.

96 國泰民安 : 나라가 태평하고 인민이 평안함.

97 崎險 : 팔자가 사나움.

98 下陸 : 땅에 내려 옴. 여기서는 세상에 나온다는 뜻.

오셩[99] ᄒᆞᆫ음[100] 업셧시면
옥ᄉᆡ[101] 보젼 뉘ᄀᆞ ᄒᆞᆯ고
아국 명현 다시 업다
나도 ᄯᅩᄒᆞᆫ ᄒᆞᄂᆞᆯ님게
옥ᄉᆡ 보젼 봉명[102]ᄒᆞᄂᆡ
무병지ᄂᆞᆫ[103] 지ᄂᆡᆫ 후의
ᄉᆞ라ᄂᆞᆫ 인ᄉᆡᆼ드른
ᄒᆞᄂᆞᆯ님게 복녹 졍히
수명[104]을ᄂᆞᆫ ᄂᆡ게 비ᄂᆡ
ᄂᆡ ᄂᆞ라 무슨 운수
그ᄃᆞ지 긔험ᄒᆞᆯ고
거록ᄒᆞᆫ ᄂᆡ 집 부녀
ᄌᆞ세[105]보고 안심ᄒᆞ소
ᄀᆡ 가튼 왜젹 놈이
젼셰 임딘 왓다 가셔

오성 한음 없었다면
옥새 보전 뉘 했을까
그런 명현 다시없다
나도 또한 하느님께
옥새 보전 명 받았네
준비 없는 전쟁에서
살아남은 인생들은
하느님께 복록 빌고
목숨은 내게 비네
내 나라 무슨 운수
그다지 사나운고
거룩한 내 집 부녀
이 글 보고 안심하소
개 같은 왜적 놈이
임진년에 왔다가서

---

99 鰲城 : 이항복(李恒福 1556~1618)이 오성부원군이므로 인하여 일컬은 것. 자는 자상(子常), 호는 백사(白沙), 본은 경주(慶州). 임진왜란에 나라를 부지하는 데 큰 공적이 있음. 영창대군(永昌大君)의 옥사에 반대하여 북청(北靑)에 귀양가서 죽었음.

100 漢陰 : 이덕형(李德馨 1561~1613)의 호. 자는 명보(明甫). 본은 광주(廣州). 임진왜란 때 왜군과 담판을 많이 하였는데 강한 도적 앞에서 사어(辭語)가 평일과 다름 없었다 함.

101 玉璽 : 옥으로 새긴 임금의 인(印).

102 奉命 : 임금의 명령을 받듦.

103 無兵之亂 : 무기와 군대가 없이 겪은 전란.

104 壽命 : 타고난 목숨.

105 仔細 : 주의가 썩 잔 것에까지 속속들이 미치어 빠짐이 없음.

술싼 일 못힛ᄃᆞ고[106] 숟가락에 부끄러워
쇠술노 안 먹ᄂᆞᆫ 줄[107] 쇠숟가락 못 쓰는 줄
세상 ᄉᆞᄅᆞᆷ 뉘가 알ᄭᅩ 세상사람 누가 알까
그 역시 원수로다 왜놈이 원수로다
만고 충신 김덕냥[108]이 만고충신 김덕령이
그 ᄶᆡ 발셔[109] ᄉᆞ라스면 죽지 않고 살았다면
이런 일이 웨 잇슬고 이런 일이 있었을까
소인 참소[110] 긔험ᄒᆞ다 소인 참소 무섭구나
불과슴삭[111] 마칠 거로[112] 석달이면 마칠 전쟁
팔련지체[113] 무슴 일고 팔 년이나 끌었구나
ᄂᆞ도 ᄯᅩᄒᆞᆫ 신션으로 나 또한 신선으로
이런 풍진[114] 무슴 일고 이런 고생 웬일인가
나도 ᄯᅩᄒᆞᆫ ᄒᆞᄂᆞᆯ님게 내 또한 하느님께
신션이라 봉명ᄒᆡ도 신선 사명 받았어도
이런 고ᄉᆡᆼ 다시 업다 이런 고생 다시 없다

---

106 술싼 일 못힛ᄃᆞ고 :숟가락을 쓸 만한 일을 하지 못했다고 하여.

107 쇠술노 안 먹ᄂᆞᆫ 줄 : 쇠숟가락으로 밥을 먹지 아니하는 것을. (왜인들이 나무 젓가락만 사용함을 비웃는 말)

108 金德齡 : 자는 경수(景樹), 광주(光州) 석저촌(石底村) 사람(1567-1596). 신이한 용맹이 세상에 드물어서 노하면 눈에서 불이 나서 어둔 밤이라도 수레를 비췄으며 몇 길 되는 집을 뛰어 넘었다 함. 진주에 머물러 왜적을 치려 하다가 홍산(鴻山) 사람 이몽학(李夢鶴)의 반란에 억울하게 연루되어 옥중에서 죽었음.

109 발셔 : '이미'의 뜻.

110 讒訴 : 하리노는 짓. 남을 헐뜯어 윗 사람에게 일러 바치는 것.

111 不過三朔 : 석달이 지나지 않아서.

112 거로 : '것을'의 사투리.

113 八年遲滯 : 8년이나 지정거려서 늦잡죔. 임진왜란은 근세 조선 선조 25년 임진에 일어나 선조 31년 무술에 끝났음.

114 風塵 : 바람과 티끌. 싸움터의 티끌. 험한 세상의 티끌.

세상 음ᄒᆡ 다ᄒᆞ더라	세상 음해 심하구나
긔장ᄒᆞ다 긔장ᄒᆞ다	장하고 또 장하다
ᄂᆡ집 부녀 긔장ᄒᆞ다	내 집 부녀 장하다
ᄂᆡ가 ᄯᅩᄒᆞᆫ 신션 도야	이 몸이 신선되어
비샹텬[115]ᄒᆞᆫ ᄃᆞ ᄒᆡ도	하늘에 오른다면
ᄀᆡ 갓튼 왜젹 놈을	개 같은 왜적 놈을
ᄒᆞᄂᆞᆯ님게 조화[116]바다	하느님께 조화 받아
일야[117]의 멸ᄒᆞ고셔	하룻밤에 멸하고서
젼지무궁[118]ᄒᆞ여 노코	그 사적을 전하리라
ᄃᆡ보단[119]의 ᄆᆡᆼ세ᄒᆞ고	대보단에 맹세하고
ᄒᆞᆫ의[120] 원수 갑ᄒᆞ 보세	오랑캐 무찌르세
듕수[121]ᄒᆞᆫ 한의비각[122]	고쳐 세운 청국 비각
헐고 ᄂᆞ니 초ᄀᆡ[123] 갓고	허물면 초개 되고
붓고[124] ᄂᆞ니 박산[125]일세	부수면 조각 되네

115 飛上天 : 하늘로 날아 올라감.

116 造化 : 대자연의 이치를 가리키는 말로, 모든 물건을 만들어 기른다는 뜻. 사람의 힘으로는 어찌할 수 없이 신통하게 된 사물을 가리키는 말.

117 一夜 : 하룻 밤.

118 傳之無窮 : 그 사적(史跡)을 영구히 전함.

119 大報壇 : 명나라의 태조(太祖)와 마지막 두 황제 신종(神宗), 의종(毅宗)을 제사지내던 사당. 창덕궁 안에 있음.

120 汗夷 : 오랑캐. 여기서는 청나라 군사를 가리킴.

121 重修 : 허술한 것을 다시 매만져 고침.

122 汗夷碑閣 : 병자호란에 우리가 항복한 후 청나라에서 경기도 광주(廣州)군 삼전도(三田渡 : 현재의 송파)에 세운 전승기념비(戰勝記念碑).

123 草芥 : 지푸라기.

124 붓고 : 부수고.

125 撲散 : 산산조각.

일언[126] 걱정 모르고셔
요악ᄒᆞᆫ 세상 ᄉᆞ람
눌노[127] ᄃᆡᄒᆡ 이 말 ᄒᆞ노
우리 션됴 험쳔[128] ᄯᆞ의
공덕비를 노피 세워
만고유젼[129] ᄒᆞ여 보세
숑ᄇᆡᆨ[130] 가튼 이ᄂᆡ 졀ᄀᆡ
금셕으로 세울 주를
세상 ᄉᆞᄅᆞᆷ 뉘가 알ᄭᅩ
ᄋᆡ달다[131] 져 인물이
눌로 ᄃᆡᄒᆡ 져 말 ᄒᆞ노
ᄒᆞᄂᆞᆯ님이 ᄂᆡ 몸 ᄂᆡ셔
아국 운수 보젼ᄒᆞᄂᆡ
그 말 져 말 듯지 말고
거록ᄒᆞᆫ ᄂᆡ 집 부녀
근심 말고 안심ᄒᆞ소
이 가ᄉᆞ[132] 외와 ᄂᆡ셔

이런 걱정 모르고서
요망한 세상사람
함부로 헐뜯는다
험천에서 전사한
우리 선조 공덕비를
길이길이 전하세
송백 같은 이내 절개
금석같이 굳은 줄을
세상사람 누가 알까
애달프다 저 사람이
누구에게 저 말 하나
하느님이 내 몸 내어
나라 운수 보전하네
이 말 저 말 듣지 말고
거룩한 내 집 부녀
근심 말고 안심하소
이 노래 외워서

126 일언 : 이러한.
127 눌노 : 누구를.
128 險川 : 최제우의 7대조 최진립은 경기도 용인(龍仁)의 험천에서 전사하였음.
129 萬古遺傳 : 길이길이 전함.
130 松柏 : 소나무와 잣나무.
131 ᄋᆡ달다 : 애달프다.
132 歌辭 : 노래체로 된 모든 글.

츈숨월[133] 호시졀[134]의	춘삼월 호시절에
틱평ᄀ[135] 불너 보세	태평가로 불러보세

133 春三月 : 봄의 끝달. 음력 3월. 봄 경치가 가장 좋은 철.

134 好時節 : 좋은 철.

135 太平歌 : 세월이 태평함을 즐기는 노래.

용담가

경신(1860)

첫째 마디

국호[1]ᄂᆞᆫ 됴션이오	나라 이름 조선이요
읍호[2]ᄂᆞᆫ 경쥬로다	고을 이름 경주로다
셩호[3]ᄂᆞᆫ 월성이오	성 이름 월성이요
수명[4]은 문수로다	물 이름 문수로다
긔ᄌᆞ[5] ᄯᆡ 왕도[6]로셔	기자 때 왕도로서
일쳔년 안일넌가	천년이나 되었구나
동도[7]ᄂᆞᆫ 고국[8]이오	경주는 옛 나라요
ᄒᆞᆫ양은 신부[9]로다	서울은 새 나라니

---

1 國號 : 나라의 이름.

2 邑號 : 고을의 이름.

3 城號 : 성의 이름.

4 水名 : 물이름.

5 箕子 : 중국 상(商)나라의 왕족. 나라가 망하매 조선으로 와서 예의(禮儀), 전잠(田蠶), 직작(織作)과 팔조지교(八條之敎)를 가르쳤다 함.

6 王都 : 왕국의 도읍.

7 東都 : 동쪽에 있는 서울. 경주를 말함.

8 故國 : 고향인 나라. 조상이 살던 나라. 역년(歷年)이 오랜 나라. 신라를 가리킴.

9 新府 : 새 고을. 여기서는 새 서울이란 뜻.

아동방[10] ᄉᆡᆼ긴 후의	우리나라 생긴 후에
이런 왕도 또 잇ᄂᆞᆫᄀᆞ	이런 도읍 또 있을까
수세[11]도 조커니와	물길도 좋거니와
산긔[12]도 조흘시고	산기운도 좋구나
금오[13]ᄂᆞᆫ 남산이요	금오는 남산이요
귀미ᄂᆞᆫ 셔산이라	구미는 서산이라
봉황ᄃᆡ[14] 노푼 봉은	봉황대 높은 봉에
봉거ᄃᆡ공[15] ᄒᆞ여 잇고	봉황은 가고 없고
쳠셩ᄃᆡ[16] 노픈 탑은	첨성대 높은 탑은
월셩을 지켜 잇고	월성을 지켜주네
청옥젹 황옥젹[17]은	청색 황색 피리가
ᄌᆞ웅[18]으로 지켜 잇고	자웅으로 짝이 되어
일쳔련 신라국은	일천 년 신라의
소리를 지켜ᄂᆡ네	가물 홍수 조절하네

---

10 我東邦 : 동쪽에 있는 우리 나라.

11 水勢 : 흐르는 물의 세력.

12 山氣 : 산의 씩씩하고도 고운 기세.

13 金鰲 : 경주 남쪽에 있는 산 이름.

14 鳳凰臺 : 봉황새가 와서 놀고 가는 대. 여기서는 흙과 돌을 높이 쌓아서 사방을 바라볼 수 있게 만든 곳의 이름.

15 鳳去臺空 : 봉황이 가서 대는 비었음.

16 瞻星臺 : 경상북도 경주에 있는 옛날의 천문대. 신라 선덕여왕 때 만듦. 동양에서 가장 오래된 것인데, 높이 9미터쯤(948cm) 됨.

17 青玉笛 · 黃玉笛 : 푸른 옥피리와 누른 옥피리. 신라의 신문왕(神文王)이 동해 바다에 있는 섬에서 낮에는 둘이 되고 밤에는 하나가 되는 대나무를 얻어 저를 만들어 월성(月城) 천존고(天尊庫)에 두었는데, 이 저를 불면 적병이 물러가고 병이 낫고 가뭄에는 비가 오고 비올 때는 개며, 바람은 가라앉고 물결도 평온하여져서 만파식적(萬波息笛)이라 하고 국보로 삼았음. 여기서 말하는 저도 바로 만파식적을 이르는 듯함.

18 雌雄 : 암수. 빈모(牝牡).

어화 세상 ᄉᆞᄅᆞᆷ들아	어와 세상사람들아
이런 승디[19] 구경ᄒᆞ소	천하 승지 구경하소
동읍 삼산[20] 볼작시면	동쪽 세 산 둘러보면
신션 업기 고이ᄒᆞ다	신선 마을 분명하고
셔읍 주산[21] 잇셔스니	서쪽 주산 살펴보면
츄로지풍[22] 업슬소냐	유학 중심 분명하다
어화 세상 ᄉᆞ람들아	어와 세상 사람들아
고도[23]강산 구경ᄒᆞ쇼	옛 서울 구경하소
인걸은 디령[24]이라	땅기운이 인재 내니
명현달ᄉᆞ[25] 아니늘가	큰 선비 아니 날까
ᄒᆞ물며 구미산은	하물며 구미산은
동도지 쥬산[26]일세	경주의 주산일세
곤륜산 일지믹은[27]	곤륜산 한 가닥이
즁화[28]로 버러 잇고	중국에서 뻗어내려
아동방 귀미산은	우리나라 구미산에

---

19 勝地 : 경치 좋은 이름난 땅.

20 東邑三山 : 고을의 동쪽에 있는 세 산.

21 主山 : 풍수지리에 묏자리나 집터나 도읍터의 운수 기운이 매였다는 산.

22 鄒魯之風 : 공자와 맹자의 유풍(遺風). 추는 맹자의 출생지, 로는 공자의 출생지임.

23 古都 : 옛 서울.

24 人傑地靈 : 걸출한 인재는 신령스러운 땅기운에 말미암음.

25 名賢達士 : 이름이 난 어진 사람과 이치에 밝아서 사물에 얽매어 지내지 않는 선비.

26 東都之主山 : 경주에서 으뜸가는 산.

27 崑崙山一支脈 : 중국 서부 서장 고원 북방에 있는 곤륜산(최고봉의 해발 6,860m, 산맥의 길이 2,500km)의 본맥에서 갈려 나간 가닥.

28 中華 : 중국을 세계에서 제일이란 뜻으로 치켜서 일컫는 말.

소듕화 ᄉᆡᆼ겨ᄭᅮᄂᆞ　　작은 중국 꾸며냈네
어화 세상 ᄉᆞᄅᆞᆷ들아　　어와 세상 사람들아
ᄂᆞ도 쏘ᄒᆞᆫ 출세[29] 후의　　나서 자란 이 강산을
고도 강산 지켜ᄂᆡ여　　나 또한 바로 지켜
세세유전[30] 안일넌가　　대대로 전하려네

둘째 마디

긔쟝[31]ᄒᆞ다 긔쟝ᄒᆞ다　　우뚝하고 우뚝하다
귀미산긔[32] 긔장ᄒᆞ다　　구미산 우뚝하다
거록ᄒᆞᆫ 가암[33] 최씨　　경주 최씨 가암파의
복덕산[34] 안일넌가　　복덕산 아닐는가
귀미ᄉᆞᆫ ᄉᆡᆼ긴 후의　　구미산 생긴 후에
우리 션도 ᄂᆞ셧구ᄂᆞ　　우리 선조 나셨구나
산음[35]인가 수음인가　　산 덕택 물 덕택에
위국충신[36] 긔장ᄒᆞ다　　충신열사 나셨구나
가련ᄒᆞ다 가련ᄒᆞ다　　가련하다 가련하다
우리 부친 가련ᄒᆞ다　　우리 부친 가련하다

---

29 出世 : 입신하여 세상에 나섬.
30 世世遺傳 : 대대로 끼쳐 전함.
31 奇壯 : 기묘하고 우뚝함.
32 龜尾山氣 :구미산의 씩씩하고도 고운 기세.
33 柯岩 : 최제우의 관향(貫鄕)은 분명히 경주이니, 가암은 월성군(月城郡) 견곡면(見谷面) 가정리(柯亭里)에 터잡고 사는 경주 최씨의 한 지파(支派)를 이름.
34 福德山 : 복력이 많고 덕기가 두터운 산.
35 山蔭 : 좋은 묏자리로 인하여 그 자손이 받는다는 복.
36 爲國忠臣 : 나라를 위하는 충성스러운 신하.

귀미 용담 조흔 승디	구미 용담 승지에서
도덕 문댱 닥가ᄂᆡ야	도덕 문장 닦으시고
산음수음 아지마는	산과 물의 가호에도
입신양명[37] 못ᄒᆞ시고	벼슬 하지 못하셨네
귀미산ᄒᆞ 일졍각을[38]	구미산에 정자 지어
용담이라 이름ᄒᆞ고	용담이라 명명하고
산림쳐ᄉᆞ[39] 일포의로[40]	시골의 큰 선비로
후세예 젼탄[41] 말ᄀᆞ	알려지고 마셨구나
가련ᄒᆞ다 가련ᄒᆞ다	가련하다 가련하다
이ᄂᆡ 가운 가련ᄒᆞ다	집안 운수 가련하다
ᄂᆞ도 ᄯᅩ흔 출세 후로	내 또한 뜻 못 펴서
득죄부모[42] 안일넌ᄀᆞ	부모님께 죄를 짓고
불효불효 못 면ᄒᆞ니	불효막심하였으니
젹세원울[43] 안일넌ᄀᆞ	대를 이어 딱하도다
불우시지 남아[44]로셔	때 못 만난 남자로서
허숑세월ᄒᆞ엿구ᄂᆞ	허송세월하였구나
인간만ᄉᆞ 힝ᄒᆞ다ᄀᆞ	이 일 저 일 해보다가

37 立身揚名 : 출세하여 명성을 드날리게 됨.
38 一亭閣 : 정자 하나. 경치가 좋은 곳에 한가히 놀려고 지은 집 한 채.
39 山林處士 : 시골에 숨어 있어 글이나 읽기를 즐기는 사람.
40 布衣 : 벼슬이 없는 선비.
41 젼탄 : 젼한다는.
42 得罪父母 : 어버이께 죄를 얻음.
43 積世怨鬱 : 여러 대 쌓인 원망과 답답함.
44 不遇時之男兒 : 세상에 잘 쓰일 좋은 시기를 만나지 못한 사내.

거연[45] ᄉᆞ십 되얏더라	어느덧 사십 됐네
ᄉᆞ십 평ᄉᆡᆼ 이ᄲᅮᆫ인가	사십 평생 이뿐인가
무가ᄂᆡ라 ᄒᆞᆯ ᄭᅵᆯ 업다	할 일 없고 갈 길 없다
귀미 용담 ᄎᆞᄌᆞ 오니	구미 용담 찾아오니
흐르ᄂᆞ니 물소리오	흐르는 건 물소리요
노푸ᄂᆞ니 산이로세	솟은 것은 산이로세
좌우산쳔[46] 둘너 보니	좌우산천 둘러보니
산수ᄂᆞᆫ 의구[47]ᄒᆞ고	산수는 변함없고
초목은 ᄒᆞᆷ졍[48]ᄒᆞ니	초목은 애틋하나
불효ᄒᆞᆫ 이ᄂᆡ 마음	불효자 이내 마음
그 아니 슬풀소냐	슬프기 짝이 없다
오작[49]은 ᄂᆞ라드러	까막까치 날아들어
됴롱을 ᄒᆞᄂᆞᆫ 듯고	조롱하는 듯하고
숑ᄇᆡᆨ[50]은 울울[51]ᄒᆞ여	소나무와 잣나무의
쳥졀[52]을 직켜 ᄂᆡ니	푸른 절개 바라보며
불효ᄒᆞᆫ 이ᄂᆡ 마음	불효자 이내 마음
비감회심[53] 절노 ᄂᆞᆫ다	뉘우침이 가득하다

45 居然 : 알지 못하는 사이에 슬그머니. 별고 변동 없이 쉽사리.
46 左右山川 : 왼쪽 오른쪽으로 있는 산과 내.
47 依舊 : 옛날과 같아서 변함이 없음.
48 含情 : 애틋한 정회를 머금음.
49 烏鵲 : 까막까치.
50 松柏 : 소나무와 잣나무.
51 鬱鬱 : 초목 따위가 빽빽하게 컴컴하도록 들어선 꼴.
52 淸節 : 깨끗한 절개.
53 悲感悔心 : 슬픈 느낌과 뉘우치는 마음.

가련ᄒᆞ다 이ᄂᆡ 부친	가련하다 부친 선행
여경[54]인들 업슬소야	자손에도 경사 없나

셋째 마디

쳐ᄌᆞ 불너 효유[55]ᄒᆞ고	처자 불러 타이르며
이러그러 지ᄂᆡᄂᆞ니	이럭저럭 지내던 중
텬은[56]이 망극[57]ᄒᆞ야	하느님 큰 은혜로
경신[58] ᄉᆞ월 초오일의	경신년 사월 오일
글노 엇지 긔록ᄒᆞ며	글로 어찌 기록하며
말노 엇지 성언[59]ᄒᆞᆯ가	말로 어찌 나타낼까
만고[60]업ᄂᆞᆫ 무극ᄃᆡ도[61]	무한한 큰 진리를
여몽여각[62] 득도[63]로다	신비롭게 얻었도다
긔장ᄒᆞ다 긔장ᄒᆞ다	장하고 또 장하구나
이ᄂᆡ 운수 긔장ᄒᆞ다	이내 운수 장하구나
ᄒᆞᄂᆞᆯ님 ᄒᆞ신 말삼	하느님 이르시되

---

54 餘慶 : 남에게 좋은 일을 많이 한 보응으로 뒷날 그의 자손이 받는 경사.
55 曉諭 : 알아듣게 타이름. 깨닫도록 일러줌.
56 天恩 : 하느님이 베푼 은혜.
57 罔極 : 어버이나 임금의 은혜가 갚을 수 없을 만큼 그지 없음. 여기서는 하느님의 은혜.
58 庚申 : 1860년, 최제우 37세 때.
59 形言 : 말로 시늉하여 나타냄.
60 萬古 : 썩 먼 옛적. 한없는 세월.
61 無極大道 : 무한히 큰 진리. 무극은 중국철학에서 태극의 처음 상태를 일컫는 말.
62 如夢如覺 : 일이 하도 기이하여 현실이 아닌 것 같음. 꿈 같기도 하고 생시 같기도 한 가운데.
63 得道 : 도를 깨달음. 오묘한 뜻을 깨달음.

ᄀᆡ벽 후 오만년의	개벽 후 오만 년에
네가 ᄯᅩᄒᆞᆫ 쳠이로다	네가 처음이로다
ᄂᆞ도 ᄯᅩᄒᆞᆫ ᄀᆡ벽 이후	나 또한 개벽 이후
노이무공[64]ᄒᆞ다가셔	보람을 못 보다가
너를 만ᄂᆞ 셩공ᄒᆞ니	너를 만나 성공하니
ᄂᆞ도 셩공 너도 득의[65]	나도 성공 너도 성취
너의 집안 운수로다	너희 집안 운수로다
이 말삼 드른 후의	이 말씀 들은 후에
심독희 ᄌᆞ부[66]로다	자신감이 생겼도다
어화 세상 ᄉᆞᄅᆞᆷ들아	어와 세상 사람들아
무극지운[67] 다친[68]쥬를	세상 크게 변할 것을
너의 엇지 알가 보냐	너희 어찌 알까 보냐
ᄀᆡ장ᄒᆞ다 ᄀᆡ장ᄒᆞ다	기이하고 기이하다
이ᄂᆡ 운수 ᄀᆡ장ᄒᆞ다	이내 운수 기이하다
귀미 산수 죠흔 승디[69]	구미 산수 승지에서
무극ᄃᆡ도 닥가 ᄂᆡ니	진리를 닦아내니
오만년지운수[70]로다	운수가 터졌도다
만셰일디쟝부[71]로셔	대장부 되었으니

---

64 勞而無功 : 애를 썼으나 보람이 없음.
65 得意 : 바라던 일이 이루어져서 뽐냄. 뜻대로 됨을 자랑함.
66 心獨喜自負 : 일의 잘 될 것을 믿고 혼자서 스스로 마음이 즐거움.
67 無極之運 : 사람의 힘을 초월한, 큰 운수.
68 다친 : '닥친'의 잘못.
69 勝地 : 경치 좋기로 이름난 땅.
70 五萬年之運數 : 5만 년에 한 번이나 있을까 말까 한 큰 운수.
71 萬世一之丈夫 : 만 대에 한 사람 정도로 드물게 나타나는 대장부.

조흘시고 조흘시고	좋고 또 좋구나
이ᄂᆡ 신명[72] 조흘시고	몸과 얼이 다 좋구나
귀미산수 조흔풍경	구미 산수 좋은 풍경
물형[73]으로 ᄉᆡᆼ겨ᄯᅡ가	진리와 서로 통해
이내 운수 마쳣도다	주객일치 되었도다

넷째 마디

디디엽엽[74] 조흔 풍경	가지마다 잎마다
군ᄌᆞ낙지[75] 안일넌ᄀᆞ	군자 거처 꾸며주네
일텬지ᄒᆞ 명승디[76]로	온 세상 명승지에
만ᄒᆞᆨ쳔봉[77] 긔암괴셕[78]	골짜기 돌 모양이
산마다 이러ᄒᆞ며	산마다 이러하며
억됴창ᄉᆡᆼ[79]마는 ᄉᆞᄅᆞᆷ	온 세상 많은 사람
ᄉᆞ람마ᄃᆞ 이러ᄒᆞᆯ가	사람마다 이러하랴
조흘시고 조흘시고	좋고 또 좋구나
이ᄂᆡ 신명 조흘시고	몸과 얼이 다 좋구나
귀미산수 됴흔 풍경	구미 산수 좋은 풍경

72 身命 : 몸뚱이와 목숨.

73 物形 : 물건의 형상. 즉, 물건의 형상으로 생겨났는데, 우연히 요행으로 내가 진리를 터득한 좋은 운수와 서로 닿게 되었다는 뜻.

74 枝枝葉葉 : 가지마다 잎마다.

75 君子樂地 : 학행과 덕행이 높은 사람들이 늘 즐겁게 살 수 있는 땅.

76 一天之下名勝地 : 온 세상에서 이름난 경치가 있는 곳.

77 萬壑千峰 : 첩첩이 겹쳐진 깊고 큰 골짜기와 많은 봉우리.

78 奇巖怪石 : 기묘한 바위와 괴상한 돌.

79 億兆蒼生 : 수많은 민중.

아모리 됴타 ᄒᆡ도	아무리 좋다 해도
ᄂᆡ 아니면 이려ᄒᆞ며	나 아니면 이러하랴
ᄂᆡ 아니면 이런 산슈	나 아니면 이런 산수
아동방 잇슬소냐	진리 터전 못 됐으리
ᄂᆞ도 ᄯᅩᄒᆞᆫ 신션[80]이라	신선이 되어서
비샹텬[81]ᄒᆞᆫ다 ᄒᆡ도	하늘에 올라가도
이ᄂᆡ 션경[82] 귀미용담	구미 용담 좋은 경치
ᄃᆞ시 보기 어렵도다	다시 보지 못할레라
쳔만년 지ᄂᆡ온들	천만 년 지나도록
아니 잇ᄌᆞ ᄆᆡᆼ세ᄒᆡ도	보존해야 할 터인데
무심ᄒᆞᆫ 귀미용담	천만 년 후 구미 용담
평디 되기 ᄋᆡ달ᄒᆞ다[83]	생각하면 애달프다

80 神仙 : 선도(仙道)를 닦아서 도를 통한 사람. 세상을 떠나서 선경에 살며, 구름과 학을 벗하고, 늙지 않고 오래 살며, 신변자재(神變自在)하다고 함.

81 飛上天 : 하늘로 날아 올라감.

82 仙境 : 신선이 산다는 곳. 경치가 좋고 세상 티끌이 이르지 아니하는 곳.

83 ᄋᆡ달ᄒᆞ다 : 애달프다.

몽듕노소문답가[1]

신 유(1861)

첫째 마디

곤륜산 일지ᄆᆡᆨ[2]외	곤륜산맥 한 가닥
됴션국 금강산이	조선국 금강산
긔암괴셕[3] 됴흔 경	아름다운 산봉우리
일만이쳔 안일넌가	일만이천 아닌가
팔도명산 다 던지고	팔도의 명산 중에
텬ᄒᆞ승디[4] 안일넌가	최고 승지 아닌가
삼각산 ᄒᆞᆫ양[5]도읍	삼각산 한양 도읍
ᄉᆞᄇᆡᆨ년 지ᄂᆡᆫ 후의	사백 년 지났구나
ᄒᆞ원갑[6]이 세상의	이 세상 하대에
남녀간 ᄌᆞ식 업셔	남녀간 자식 없어

1 夢中老小問答歌 : 꿈속에서 늙은이와 젊은이가 묻고 대답하는 노래.

2 崑崙山一支脈 : 중국 서부 서장 고원 북방의 산맥에서 갈려나간 한 가닥.

3 奇巖怪石 : 기묘한 바위와 괴상한 돌.

4 天下勝地 : 세상에 드문 경치 좋은 땅.

5 漢陽 : 한강의 북쪽이라는 의미로서 신라 때부터 생긴 지금 서울의 옛 이름. 삼각산 아래에 있음. 양(陽)자는 산의 남쪽과 물의 북쪽을 의미함.

6 下元甲 : 술수가(術數家)에서 180년을 1주(周)로 하고 그것을 셋으로 나누어 상원갑 · 중원갑 · 하원갑이라 함.

산제불공[7] ᄒᆞ다가셔	치성하고 불공하다
두 늘근이 마조 안ᄌᆞ	두 늙은이 마주 앉아
탄식ᄒᆞ고 ᄒᆞᄂᆞᆫ 말이	탄식하고 한탄하네
우리도 이세상의	우리가 이 세상의
명명[8]ᄒᆞᆫ 텬디 운수	밝디 밝은 천지 운수
남과 가티 타고ᄂᆞ셔	남과 같이 타고나서
긔궁[9]ᄒᆞᆫ 이ᄂᆡ 팔ᄌᆞ	무슨 팔자 이러하여
일졈 혈육 업단 말가	혈육 하나 없을까
우리 ᄉᆞ후[10] 고ᄉᆞᄒᆞ고	사후 일은 고사하고
득죄부모[11] 안일넌가	부모님께 죄 아닌가
아셔라 ᄌᆞ고급금[12]	예로부터 지금까지
공덕[13]으로 ᄌᆞ식 비러	공덕으로 자식 얻어
후ᄉᆞ[14]를 이은 ᄉᆞᄅᆞᆷ	후사를 이은 사람
말노 듯고 눈으로 보니	듣고 본 적 허다하니
우리도 이 셰상의	우리도 살아생전
공덕이ᄂᆞ 닥가보세	공덕이나 닦아보세
탕진가산[15] ᄒᆞ여ᄂᆡ야	가진 재산 다 모으고

7 山祭佛供 : 산을 맡은 신령에게 제사를 지내고, 부처 앞에 공양함.
8 明明 : 조금도 흐림이 없이 아주 밝음.
9 奇窮 : 몹시 곤궁함.
10 死後 : 죽은 뒤.
11 得罪父母 : 어버이께 대하여 큰 잘못으로 죄를 얻음.
12 自古及今 : 예로부터 내려오면서 지금까지.
13 功德 : 착한 일을 많이 한 힘. 닦아서 이룬 덕의를 다른 사람에게 미치게 하는 일.
14 後嗣 : 대를 잇는 자식.
15 蕩盡家産 : 집안 살림을 다 써서 없앰.

일심정긔[16] 다시 먹고	각오를 다시 하여
팔도불젼 시쥬ᄒᆞ고	부처님께 시주하고
지셩으로 산제ᄒᆡ셔	산신령께 치성하고
ᄇᆡᆨᄇᆡ축원[17] 앙텬ᄒᆞ며	하느님께 기도하며
듀소간[18] 비ᄂᆞᆫ 말이	밤낮으로 비는 말이
지셩감텬[19] 안일넌가	지성이면 감천이니
공덕이ᄂᆞ 닥가 보세	정성으로 공덕 닦세
그러ᄂᆞ ᄌᆞ고급금	그러나 예로부터
젼ᄒᆡ 오ᄂᆞᆫ 세상 말이	전해오는 세상 말이
인걸은 디령[20]이라	인재는 땅기운이라
승디의 ᄉᆞ라보세	명승지에 살아보세
명긔ᄂᆞᆫ 필유명산ᄒᆞ[21]라	명산 아래 밝은 기운
팔도강산 다 던지고	팔도에서 탐색하다
금강산 ᄎᆞᄌᆞ드러	금강산 찾아 들어
용셰좌향[22] 가려ᄂᆡ야	산맥 형세 살펴서
슈간초옥 일협곡[23]의	골짜기에 초가집을
구목위쇼[24] 안일넌가	살 곳으로 지었네

16 一心精氣 : 한결같은 마음과 알뜰한 원기.
17 百拜祝願 : 수없이 절을 하며 잘되게 해달라고 기도함.
18 晝宵間 : 밤낮으로.
19 至誠感天 : 지극한 정성에 하늘이 감동함.
20 地靈 : 땅의 신령스러운 기운. 뛰어난 인물은 땅의 영기에 말미암는다는 풍수지리설.
21 明氣必有名山下 : 맑고 아름다운 원기는 반드시 이름난 산 아래에 있음.
22 龍勢坐向 : 풍수설(風水說)에서 말하는 산맥 형세.
23 峽谷 : 산과 산 사이의 험하고 좁은 골짜기.
24 構木爲巢 : 나무를 얽어서 살 곳을 만듦.

그려그러 디ᄂᆡᄂᆞ니 그렇게 지내던 중
윤신포ᄐᆡ[25] 되얏더라 아이를 배었더라
십삭[26]이 임의 되ᄆᆡ 열달이 이미 지난
일일은 집 가온ᄃᆡ 어느날 집 가운데
운무[27]가 ᄌᆞ옥ᄒᆞ며 안개 구름 자욱하며
ᄂᆡ금강 외금강[28]의 내금강 외금강이
두세 번 딘동ᄒᆞᆯ ᄣᆡ 두세 번 진동하니
홀연이 산긔[29]잇셔 그때에 산기 있어
아들 아기 탄ᄉᆡᆼᄒᆞ니 아기가 탄생하니
귀남ᄌᆞ[30] 안일넌가 뛰어난 남자로서
얼골은 관옥[31]이오 얼굴이 옥과 같고
풍ᄎᆡ는 두목지[32]라 풍채가 준수하다
그러그러 지ᄂᆡᄂᆞ니 병 없이 건강하게
오륙세 도얏더라 오륙세 되었더라
팔세에 입학ᄒᆡ셔 팔세에 입학하여
허다ᄒᆞᆫ 만권 시셔 만권서를 거듭 읽어

---

25 潤身胞胎 : 몸이 윤택하게 되고 태기가 있음.

26 十朔 : 열 달.

27 雲霧 : 구름과 안개.

28 內外金剛 : 장안사(長安寺), 만폭동(萬瀑洞), 비로봉(飛盧峰)들이 있는 금강산 중앙 연봉(連峰)의 서쪽을 내금강이라 하고 옥류동(玉流洞), 구룡연(九龍淵), 만물초(萬物肖), 신계사(新溪寺) 따위가 있는 부분을 외금강이라 함.

29 産氣 : 아이를 낳을 기미.

30 奇男子 : 재주와 슬기가 뛰어난 사내.

31 冠玉 : 관(冠) 앞을 꾸미는 옥. 사내의 아름다운 얼굴을 비유하는 말.

32 杜牧之 : 당나라 시인. 이름은 목(牧), 자는 목지(牧之). 두목이 취해서 수레를 타고 양주(楊洲)에 지나매 기생들이 그의 풍채를 연모하여 귤을 던져 수레에 가득 차게 되었다는 고사(故事)가 있음. (權以生의『史要聚選』)

원문	현대어
무불통디[33] ᄒᆞ여ᄂᆡ니	통하여 훤히 아니
ᄉᆡᆼ이디디[34] 방불[35]ᄒᆞ다	천재라고 할 만하다
십세를 지ᄂᆡᄂᆞ니	열 살을 넘어 서면서
총명은 ᄉᆞ광[36]이요	총명하고 슬기롭고
지국[37]이 비범ᄒᆞ고	국량이 비범하고
ᄌᆡ긔과인[38]ᄒᆞ니	재주가 뛰어나니
평ᄉᆡᆼ의 ᄒᆞᄂᆞᆫ 근심	임금답지 못하고
효박[39]ᄒᆞᆫ 이 세상의	신하답지 못하며
군불군 신블신[40]과	부모답지 못하고
부블부 ᄌᆞ블ᄌᆞ[41]를	자식답지 못한 세상
주소간 탄식ᄒᆞ니	밤낮으로 탄식하니
울울ᄒᆞᆫ 그 회포ᄂᆞᆫ	답답한 그 마음이
흉듕[42]의 가득ᄒᆞ되	가슴속에 가득하되
아ᄂᆞᆫ ᄉᆞ람 전여 업서	아는 사람 전혀 없네
쳐ᄌᆞ 산업[43] 다 바리고	처자를 놓아두고
팔도강산 다 발바셔	팔도강산 다 밟으며

33 無不通知 : 무슨 일이든지 다 통하여 환히 앎.
34 生而知之 : 가르침을 받지 아니하고 스스로 통해 앎.
35 髣髴 : 거의 비스름함. 그럴 듯하게 같음.
36 師曠 : 춘추시대 진(晋)의 악사(樂師), 자(字)는 자야(子野). 소리를 잘 분별하여 길흉을 점쳤다고 함.
37 智局 : 슬기와 국량.
38 才氣過人 : 재주 있는 기질이 보통 사람보다 지남.
39 淆薄 : 인정이나 풍속이 아주 경박함.
40 君不君 臣不臣 : 임금이 임금답지 못하고 신하가 신하답지 못함.
41 父不父 子不子 : 아비가 아비답지 못하고 아들이 아들답지 못함.
42 胸中 : 가슴속.
43 産業 : 경제적 생활에 관한 모든 일.

인심풍속 살펴 보니	인심풍속 살펴보니
무가ᄂᆡ라 ᄒᆞᆯ 씰 업ᄂᆡ	아무래도 도리 없네
우숩다 세상 ᄉᆞ람	우습다 세상사람
불고텬명[44] 안일넌가	하느님을 불신하네
고이ᄒᆞᆫ 동국 참셔[45]	『정감록』과 『청학집』을
취켜 들고 ᄒᆞᄂᆞᆫ말이	추켜들고 하는 말이
이거[46] 임진왜ᄂᆞᆫ ᄣᆡᄂᆞᆫ	지난 임진 왜란 때는
이ᄌᆡ송송[47] ᄒᆞ여 잇고	솔숲에 살 길 있었고
가산정쥬 셔젹[48] ᄣᆡᄂᆞᆫ	홍경래 난 때에는
이ᄌᆡ가가[49] ᄒᆞ였더니	집속에 살 길 있었다
어화 세상 ᄉᆞ람들아	어와 세상 사람들아
이런 일을 본바ᄃᆞ셔	이런 예언 본 받아서
ᄉᆡᆼ활디계[50] ᄒᆞ여 보세	살 길을 찾아보세
딘ᄂᆞ라 녹도셔[51]ᄂᆞᆫ	호족(胡族)에게 망한다는
망진ᄌᆞᄂᆞᆫ 호야[52]라고	『녹도서』를 맹신하고

---

44 不顧天命 : 하느님의 분부를 돌아보지 아니함.

45 東國讖書 : 앞일에 대하여 그 길하고 언짢음을 미리 들어서 하는 말을 기록한 우리나라의 책들. 근세 조선 초에 정감(鄭鑑)과 이심(李沁)의 문답한 것을 기록한 책이라 하는 『정감록(鄭鑑錄)』이 대표적임.

46 已去 : 이미 지나간.

47 利在松松 : 이로움이 솔숲에 있음. 청송(青松) 등 송자(松字) 들어간 땅으로 피하면 산다는 뜻.

48 嘉山定州西賊 : 가산에서 군대를 일으켜 정주에서 패망한 홍경래(洪景來 1789-1812).

49 利在家家 : 이로움이 집안에 있음. 도망하지 않고 집에 있는 것이 유리하다는 뜻.

50 生活之計 : 살아나갈 계획.

51 錄圖書 : 진(秦)나라의 참서.

52 亡秦者胡也 : 진나라를 멸망시키는 것은 오랑캐임.

허축방호[53] ᄒᆞ엿다가　　만리장성 쌓았다가
이세 망국[54]ᄒᆞ온 후의　　호해(胡亥)에게 망한 것을
셰상 ᄉᆞ람 아라스니　　온 세상이 알았도다
우리도 이 세상의　　온유한 마음이
이ᄌᆡ궁궁[55]ᄒᆞ엿ᄃᆞ니　　이 세상의 살 길이니
ᄆᆡ관ᄆᆡ작 세도자[56]도　　매관매작 세도가도
일심은 궁궁이오　　본심은 온유하고
젼곡 싸인 부쳠지도　　재산 많은 부자도
일심은 궁궁이오　　본심은 온유하고
유리걸식 ᄑᆡ가ᄌᆞ[57]도　　걸식하는 거지도
일심은 궁궁이라　　본심은 온유하다
풍편[58]의 ᄡᅳ인 ᄌᆞ도　　풍문 듣고 속은 사람
혹은 궁궁촌[59] ᄎᆞᄌᆞ 가고　　궁궁촌 찾아가고
혹은 만첩산듕[60] 드러가고　　만첩산중 들어가고
혹은 셔ᄒᆞᆨ[61] 의 입도ᄒᆡ셔　　천주교에 입교하며

---

53 虛築防胡 : 헛되이 만리장성을 쌓아서 오랑캐를 막음.

54 二世亡國 : 두 대 만에 나라가 망함. 진나라 제 2세의 이름이 바로 호해(胡亥)였음.

55 利在弓弓 : 이로움이 여린 마음에 있음. 궁궁을 궁궁을을(弓弓乙乙)의 준말로 보고 다시 궁궁을을을 약(弱)의 파자(破字)로 보면 여린 마음에 이로움이 있다는 뜻으로 풀 수 있음.

56 賣官賣爵勢道者 : 돈이나 재물을 받고 벼슬을 시키는 세도가.

57 流離乞食敗家者 : 이리저리 빌어먹으며 돌아다니는, 가산을 탕진한 사람.

58 風便 : 바람결, 바람이 지나가는 겨를.

59 弓弓村 : '궁궁'이란 여린 마음인데 마음 억센 사람이 죽는다는 뜻임을 모르고 '궁궁'이란 이름의 마을을 찾아간다는 말.

60 萬疊山中 : 거듭거듭한 깊은 산.

61 西學 : 예수교를 서양의 학문이라는 뜻으로 이르는 말.

각ᄌᆞ위심[62] ᄒᆞᄂᆞᆫ 말이	마음 각각 달리 먹고
ᄂᆡ 올코 네 그르지	내 옳고 넌 그르다
시비분분[63] ᄒᆞᄂᆞᆫ 말이	옳으니 그르니
일일시시[64] 그 ᄲᅢᆫ일네	말다툼에 겨를 없네

둘째 마디

아셔시라 아셔시라	아서라 말아라
팔도구경 ᄃᆞ 던디고	팔도구경 그만두고
고향이ᄂᆞ 도라가셔	고향에 돌아가서
ᄇᆡᆨ가시셔 외와 보세	백가시서 외워보세
ᄂᆡ ᄂᆞ히 십ᄉᆞ 셰라	내 나이 십사세라
젼졍[65]이 만니로다	앞길이 만리로다
아셔라 이 세상은	아서라 이 세상은
요순지치라도 부족시[66]오	요순도 불감당이요
공ᄆᆡᆼ지덕이라도 부족언[67]이라	공맹도 소용없다
흉듕의 품은 회포	마음에 품은 회포
일시의 타파ᄒᆞ고	다 흩어 버린 후에

62 各自爲心 : 각각 제마다 마음을 달리 먹음.

63 是非紛紛 : 옳으니 그르니 하는 말다툼이 뒤섞이어 어수선함.

64 日日時時 : 날마다 때마다. 늘 언제나.

65 前程 : 앞길.

66 堯舜之治不足施 : 요임금·순임금과 같은 성인의 다스림도 능히 베풀어 줄 수 없음.

67 孔孟之德不足言 : 공자·맹자와 같은 성인의 덕행도 능히 말할 수 없음. 이 문장을 한문만으로 새기면 공자와 맹자의 덕을 능히 말할 수 없다라고 되나, 원문에 '라도'라는 토가 있으므로 공자 맹자의 덕이라 해도 말해서 소용이 없다는 뜻이 됨.

허위허위 오다가셔
금강산 상상봉의
잠간 안ᄌᆞ 쉬오다가
홀연이 잠이 드니
몽 의
우의편천[68] 일도ᄉᆞ[69]가
타일러서 하는 말이
만학쳔봉[70] 쳡쳡ᄒᆞ고
인젹[71]이 젹젹ᄒᆞᆫᄃᆡ
잠ᄌᆞ기ᄂᆞᆫ 무슴 일고
수신제가[72] 아니ᄒᆞ고
편답강산[73] ᄒᆞ단 말가
효박ᄒᆞᆫ 세상 ᄉᆞ람
갈불[74] 거시 무어시며
가련ᄒᆞᆫ 세상 ᄉᆞᄅᆞᆷ
이ᄌᆡ궁궁 찻ᄂᆞᆫ 말을
우실 거시 무어시며

마음을 비우고
금강산 상상봉에
잠깐 앉아 쉬다가
홀연히 잠이 드니
꿈속에 나타난
깃옷 입은 한 도사가
효유ᄒᆡ셔 ᄒᆞᄂᆞᆫ 말이
첩첩한 만학천봉
인적도 적적한데
잠만 자고 있을 텐가
수신제가 아니 하고
강산 편답 웬 말인가
각박한 세상사람
맞설 것이 무엇이며
가련한 세상사람
궁궁 찾는 헛된 말을
웃을 것이 무엇인가

68 羽衣翩躚 : 날개가 붙어 있는, 신선의 좋은 옷으로 너울너울 춤춤.
69 道士 : 무위자연을 추구하고 음양오행설과 불로장생을 닦아 승천하기를 바라는 사람.
70 萬壑千峯 : 첩첩이 겹쳐진 깊고 큰 골짜기와 많은 봉우리.
71 人跡 : 사람의 발자취.
72 修身齊家 : 몸을 닦고 집안을 정돈함.
73 遍踏江山 : 강산을 널리 돌아다님.
74 갈불 : 갚을. 맞서서 견줄.

불우시디 ᄒᆞᆫᄐᆞᆫ[75]말고	불우시절 한탄 말고
세샹 구경 ᄒᆞ여스라	세상 변화 구경하소
숑숑가가[76] 아라스되	솔과 집은 안다 해도
이ᄌᆡ궁궁 엇디 알고	일심을 어찌 알까
텬운이 둘너시니	천운이 다가오니
근심 말고 도라가셔	근심 말고 돌아가서
윤회시운[77] 구경ᄒᆞ소	시대 운수 구경하소
십이졔국 괴딜 운수	온 세상에 병이 도니
다시 ᄀᆡ벽 안일넌가	다시 개벽 아닌가
ᄐᆡ평셩세[78] 다시 졍히	태평천하 다시 되어
국ᄐᆡ민안[79] ᄒᆞᆯ 거시니	백성들 잘 살 테니
ᄀᆡ탄지심[80] 두지 말고	분한 마음 갖지 말고
ᄎᆞᄎᆞᄎᆞᄎᆞ 디ᄂᆡᆺ셔라	여유 있게 살아라
ᄒᆞ원갑 지ᄂᆡ거든	하대가 지나가면
상원갑[81] 호시절의	좋은 상대 다시 와서
만고 업ᄂᆞᆫ 무극ᄃᆡ도	진리가 이 세상에
이 세상의 날 거시니	실현될 것이로다

75 不遇時之恨歎 : 세상에 잘 쓰일 좋은 시기를 만나지 못한 데 대한 한탄.

76 松松家家 : 솔숲에 있는 것이 이로운지 집 안에 있는 것이 이로운지를 살피는 일.

77 輪廻時運 : 차례로 돌아가는 시대의 운수.

78 太平聖世 : 착한 임금이 태평하게 다스리는 세상.

79 國泰民安 : 나라가 태평하고 인민이 평안함.

80 慨嘆之心 : 분개하고 탄식하는 마음.

81 上元甲 : 180년을 셋으로 나누어 제 1기를 상원갑, 제 2기를 중원갑, 제 3기를 하원갑이라 하는데, 제 3기는 낡은 세대를 가리키고 제 1기는 새로운 시대를 뜻함.

원문	풀이
너도 ᄯᅩᄒᆞᆫ 년쳔[82]ᄒᆡ셔	너는 아직 어리니
억됴창ᄉᆡᆼ 마는 ᄇᆡᆨ셩	온 세상 사람들이
ᄐᆡ평곡[83] 격양가[84]를	부르는 태평노래
불구[85]의 볼 거시니	머지않아 볼 것이다
이 세상 무극ᄃᆡ도	진리는 무한하니
젼디무궁[86] 안일넌가	하느님 뜻 사람 마음
텬의 인심[87] 네가 알ᄭᅡ	네가 어찌 알겠느냐
ᄒᆞᄂᆞᆯ님이 ᄯᅳ즐 두면	하느님이 뜻을 두면
금수 가튼 세상 ᄉᆞ람	금수 같은 세상사람
얼푸시 알아ᄂᆡ네	어렴풋이 헤아릴 뿐
ᄂᆞᄂᆞᆫ ᄯᅩᄒᆞᆫ 신선이라	나는 본시 신선이라
이졔 보고 언제 볼고	다시 보기 어렵지만
너ᄂᆞᆫ ᄯᅩᄒᆞᆫ 션분[88] 잇셔	신선 인연 있으면
아니 잇고 ᄎᆞᄌᆞ 올ᄭᅡ	만날 날 있으리라
잠을 놀나 살펴 보니	잠을 깨어 살펴보니
불견기쳐[89] 도얏더라	행방이 묘연하다

82 年淺 : 나이가 아직 적음. 시작한 뒤로 몇 해가 아니됨.
83 太平曲 : 태평함을 느끼어서 부르는 노래.
84 擊壤歌 : 농부가 태평한 생활을 즐겨서 부르는 노래. 요임금 때에 늙은 농부가 흙으로 만든 악기를 치면서 불렀다 함.
85 不久 : 오래지 않아.
86 傳之無窮 : 공간이나 시간이 다한 끝이 없도록 전해짐.
87 天意人心 : 하느님의 뜻과 사람의 마음.
88 仙分 : 신선이 될 연분.
89 不見其處 : 그 자리가 보이지 않음.

도수사[1]

신 유(1861)

첫째 마디

광ᄃᆡ ᄒᆞᆫ 이 텬디에	광대한 이 천지에
졍쳐 업시 발졍[2] ᄒᆞ니	정처없이 길을 떠나
울울[3]ᄒᆞᆫ 이ᄂᆡ 회포	답답한 이내 심정
븟칠 곳 바이업셔[4]	달랠 길이 막연하여
쳥녀[5]를 벗즐 삼아	지팡이 벗을 삼아
여창[6]의 몸을 비겨	객창에 기대어
텬젼반측[7] ᄒᆞ다가셔	잠 못 이뤄 뒤척이다
홀연[8]이 ᄉᆡᆼ각ᄒᆞ니	홀연히 생각하니
ᄂᆞ도 ᄯᅩᄒᆞᆫ 이 세상의	내 또한 세상에서
텬은이 망극ᄒᆞ야	하느님의 은혜로

---

1 道修詞 : 도닦기 노래.
2 發程 : 길을 떠남.
3 鬱鬱 : 마음이 상쾌하지 아니하고 가슴이 아주 답답함.
4 바이업셔 : 전연 다른 도리가 없어. 전연 방법이 없어.
5 靑藜 : 명아줏대로 만든 지팡이.
6 旅窓 : 나그네가 거처하는 방.
7 輾轉反側 : 누워서 이리 뒤척 저리 뒤척이며 잠을 이루지 못함.
8 忽然 : 뜻하지 않은 사이에 갑자기 나타나는 꼴.

만고 업ᄂᆞᆫ 무극ᄃᆡ도	무한한 진리를
여몽여각[9] 바다ᄂᆡ야[10]	신비롭게 받아서
귀미용담 됴ᄒᆞᆫ 풍경	구미 용담 승지에서
안빈낙도[11] ᄒᆞ다가셔	안빈낙도 하면서
불과 일년 지ᄂᆡᆫ 후에	일년을 수행하니
원쳐근쳐[12] 어딘 션ᄇᆡ	훌륭한 선비들이
풍운[13]가치 모아드니	구름같이 모여들어
낙듕우락[14] 안일넌가	즐겁고 즐거웠다
이ᄂᆡ 됴분 소견으로	좁은 내 소견으로
교법교도[15] ᄒᆞ다가셔	도리를 가르치다
불과 일년 디ᄂᆡᆫ 후에	일년도 다 못 되어
망창[16]ᄒᆞᆫ 이ᄂᆡ 거름	갑자기 길 떠나자니
불일발졍[17] ᄒᆞᄌᆞᄒᆞ니	발걸음이 무겁구나
각쳐의 모든 버즌[18]	각처의 벗들은
편언쳑ᄌᆞ[19] 바이업고	편지도 한 장 없고

9 如夢如覺 : 꿈같기도 하고 생시인 듯도 하며 일이 하도 기이하여 현실이 아닌 것 같음.
10 바다ᄂᆡ야 : 받아 내어.
11 安貧樂道 : 가난한 처지에서도 평안한 마음으로 도를 즐김.
12 遠處近處 : 먼 곳과 가까운 곳.
13 風雲 : 바람과 구름. 영웅이 큰 뜻을 품고 일으키는 사변.
14 樂中又樂 : 즐거움 가운데에서도 즐거움.
15 教法教道 : 예법과 도리를 가르침.
16 茫蒼 : 큰 일을 당하여 놓고 아무 계획이 서지 않아 앞이 아득함.
17 不日發程 : 며칠 안에 길을 떠남.
18 버즌 : '벗은'의 잘못.
19 片言隻字 : 몇 마디의 말과 몇 개의 글자.

세쇄 ᄉᆞ정[20] 못 미치니
양협[21]ᄒᆞᆫ 이ᄂᆡ 소견
수쳔리 밧게 안ᄌᆞ
이제야 ᄭᆡ닷고셔
말을 ᄒᆞ며 글을 지여
쳔리 고향 젼ᄒᆡ 주니
어질고 어딘 버즌
ᄆᆡ몰[22]ᄒᆞᆫ 이ᄂᆡ ᄉᆞ람
부ᄃᆡ부ᄃᆡ 갈디[23]말고
셩경이ᄍᆞ[24] 디켜ᄂᆡ야
ᄎᆞᄎᆞᄎᆞᄎᆞ 닥가ᄂᆡ면
무극ᄃᆡ도 안일넌가
시호시호[25] ᄀᆞᆺᄃᆡ 오면
도셩입덕[26] 안일넌가
어디ᄃᆞ[27] 모든 버즌
우ᄆᆡ[28]ᄒᆞᆫ 이ᄂᆡ ᄉᆞ람
잇디 말고 ᄉᆡᆼ각ᄒᆞ소

실제 사정 어떠한지
알 수 없게 된 형편을
수천 리 밖에 앉아
이제야 깨닫고서
바른 도리 글로 적어
고향에 보내니
어진 우리 벗들은
어두운 이 사람을
탓하지 부디 말고
정성스레 공경하며
도리를 수행하면
진리를 깨달으리
때가 되어 도통하면
속알이 살아나리
어질다 모든 벗은
우매한 이 사람을
잊지 않고 생각하네

20 細瑣事情 : 썩 가늘고 작은 일의 정형.
21 量狹 : 국량이 좁음.
22 昧沒 : 어둡고 모름.
23 갈디 : 갊지. 맞서서 견주지.
24 誠敬二字 : 정성과 공경의 두 글자.
25 時乎時乎 : 좋은 때가 온 것을 기뻐하여 감탄하는 소리.
26 道成立德 : 도를 닦아 이루어 덕을 세움.
27 어디ᄃᆞ : 어질다. 감탄의 뜻이 있음.
28 愚昧 : 어리석고 어두워서 사리에 통하지 못함.

셩경현젼[29] 살펴시니	사서삼경 살펴보면
연원도통[30] 아지마ᄂᆞᆫ	도학계통 분명하다
ᄉᆞ당[31]ᄉᆞ당 셔로 젼히	스승에서 스승으로
반ᄂᆞᆫ 거시 연원이요	전한 것이 연원이요
그 듕의 가쟝 높ᄒᆞ	그 중 높은 산들이
신통뉵예[32] 도통일세	도학계통 형성하네
공부ᄌᆞ 어딘 도덕	공자님 어진 도덕
일관[33]으로 일음ᄒᆞ도	정직(忠)과 관대(恕)인데
삼텬 졔ᄌᆞ 그 가운ᄃᆡ	삼천 제자 그 가운데
신통뉵예 몃몃친고	체득한 이 몇몇인가
칠십이인[34] 도통히셔	칠십이인 십대제자
젼쳔추 후쳔추[35]의	공자님 가르침을
일관으로 젼ᄎᆞ히도	한결같이 전했으나
일쳔년 못 디ᄂᆡ셔	천 년이 못 되어

29 聖經賢傳 : 성현들이 지은 여러 가지 책. 원래 경(經)은 성인의 말씀을 적은 책이고, 전(傳)은 경에 대하여 풀이한 책임.

30 淵源道統 : 도학의 본원과 도학을 전하는 계통.

31 師匠 : 스승이 될 만한 자격 있는 사람.

32 神通六藝 : 고대 중국 교육의 여섯 가지 부분, 곧 예(禮), 악(樂), 사(射), 어(御), 서(書), 수(數)를 신기롭게 통달하여 걸림이 없음.

33 一貫 : 한 이치로써 모든 일을 꿰뚫음. 일이관지(一以貫之). 공자가 자기의 도는 정성스럽게(忠)남의 마음을 내 마음처럼 미루어 생각하는 것(恕)으로 일관한다고 하였음. (『論語』·「里仁」)

34 七十二人 : 공자의 문하에는 3천 제자가 있었으나 그 가운데 72현(賢)이 있고 다시 안연(顔淵), 민자건(閔子騫), 염백우(冉伯牛), 중궁(仲弓), 재아(宰我), 자공(子貢), 염유(冉有), 계로(季路), 자유(子游), 자하(子夏)들을 십철(十哲)이라 함.

35 前千秋後千秋 : 영구히. 천추는 오래고 긴 세월.

젼ᄌᆞ방[36] 단간목[37]이	전자방이 도가(道家) 되고
ᄂᆞᆫ법ᄂᆞᆫ도[38] ᄒᆞ엿시니	단간목이 실학 버려
그 안이 슬풀소냐	법도를 어기었네
어디ᄃᆞ 이ᄂᆡ 버슨	어질다 우리 벗들
ᄌᆞ고급금[39] 본을 바다	이치를 따르고
순리순수[40]ᄒᆞ엿스라	운수를 따르네

둘째 마디

십연을 공부ᄒᆡ셔	십년을 공부해서
도셩입덕 되게 더면[41]	도와 덕을 체득하면
속성[42]이라 ᄒᆞ디마ᄂᆞᆫ	빨리 했다 하지마는
무극ᄒᆞᆫ 이ᄂᆡ 도는	무한한 우리 진리
ᄉᆞᆷ년불셩[43] 되게 더면	삼 년에 못 깨치면
그 아니 헛말인가	헛말이라 하겠도다
급급[44]ᄒᆞᆫ 제군드른	마음 급한 사람들이

---

36 田子方 : 전국시대 위(魏)의 학자. 이름은 무역(無斁)이고 자방은 자임. 문후(文侯)의 스승. 문후가 자방을 어진 사람이라 하여 국보(國寶)로 받들음(『莊子』·「田子方」). 최제우는 자하의 제자인 전자방이 노자 계통의 동곽순자(東郭順子)를 스승으로 삼은 데 대하여 비판하였음.

37 段干木 : 전국시대 위나라의 학자. 자하의 제자로서 위나라 문후가 찾아가자 담을 넘어 달아났음. 최제우는 임금이 지성으로 찾으면 만나서 돕는 것이 당연하다는 점에서 단간목을 비판하였음.

38 亂法亂道 : 예법과 도리를 어지럽힘.

39 自古及今 : 예로부터 오면서 이제에 미치도록.

40 順理順數 : 이치와 운수에 순종함.

41 더면 : 되면.

42 速成 : 빨리 이룸.

43 三年不成 : 세 해만에 이룩하지 못함.

44 急急 : 매우 급함.

인ᄉᆞ[45]ᄂᆞᆫ 아니 닥고	할 일은 아니 하고
텬명을 바라오니	천명만 기다리니
졸부귀불상[46]이라	벼락부자 안 좋단 말
만고유전[47] 안일넌가	들어도 못 보았나
수인ᄉᆞ ᄃᆡ텬명은[48]	수인사 대천명을
ᄌᆞ세이도 아디마ᄂᆞᆫ	모르는 이 없건마는
엇지 그리 급급ᄒᆞᆫ고	어찌 그리 급한가
인지ᄌᆡ딜[49] 가려내야	재주와 바탕에는
상듕ᄒᆞᄌᆡ[50] 잇디마ᄂᆞᆫ	차이가 있지마는
양협[51]ᄒᆞᆫ 이ᄂᆡ 소견	도량이 좁은 이나
활달[52]ᄒᆞᆫ 현인군ᄌᆞ	도량이 넓은 이나
세상을 탄식ᄒᆡ셔	세상을 탄식하며
심망의촉[53]ᄒᆞ는 비츨	조급해 하는 빛을
의심 업시 ᄂᆞ타ᄂᆡ니	의심 없이 나타내네
입도[54]ᄒᆞᆫ 그 가온ᄃᆡ	입도한 사람 중에
물물[55]ᄒᆞᆫ 디각ᄌᆞᄂᆞᆫ	몰지각한 사람 있어

45 人事 : 사람들 사이에 지켜야 할 언행. 세상의 일.

46 猝富貴不祥 : 갑자기 부유하고 존귀하게 되는 것은 도리어 상서롭지 못함. 곧 그 뒤에 재앙이 따르기 쉽다는 말.

47 萬古遺傳 : 썩 먼 옛적부터 끼쳐 전해옴.

48 修人事待天命 : 인력을 다하고 천명을 기다림.

49 人之才質 : 사람들의 재주와 기질.

50 上中下才 : 뛰어난 재주와 보통 재주와 못난 재주.

51 量狹 : 도량이 좁음.

52 豁達 : 도량이 너그럽고 큼.

53 心忙意促 : 마음과 뜻이 조급함.

54 入道 : 도문에 들어옴.

55 沒沒 : 물에 가라앉아 버리는 모양. "晉國貳則子之家壞 何沒沒也" (진나라

말노 듯고 입도ᄒᆡ셔	말로 듣고 들어와서
입을 ᄇᆡ와 듀문[56] 일너[57]	귀로 배워 주문 외니
도셩입덕 무어신디	도와 덕을 어찌 알랴
ᄂᆞ도 득드 너도 득도[58]	득도했다 자랑하니
효박ᄒᆞᆫ 이 세상의	각박한 이 세상에
불ᄉᆞ[59]ᄒᆞᆫ 져 ᄉᆞ람은	같잖은 저 사람은
엇디 져리 불사ᄒᆞᆫ고	어찌 저리 같잖은가
어디다[60] 모든 버ᄌᆞᆫ	어질다 모든 벗들
ᄌᆞ세보고 안심ᄒᆞ소	이 글 보고 안심하소
위가 미덥지 못ᄒᆞ면	위에 믿음 없으면
아ᄅᆡ가 의심ᄒᆞ며	아래가 의심하며
위가 공경치 못ᄒᆞ면	위에 공경 없으면
아ᄅᆡ가 거만ᄒᆞ니	아래가 거만하니
이런 일을 본다 ᄒᆡ도	이런 일을 본다 해도
ᄎᆡᆨ지원수[61] 안일넌가	책임은 위에 있네
이ᄂᆞᆫ 역시 그러ᄒᆡ도	그렇다 하더라도
수신졔가 아니ᄒᆞ고	수신제가 아니하고
도셩입덕 무어시며	도덕이 무엇이며

가 분열하면 신하의 집도 무너진다. 어찌 우매하지 아니한가:『左傳』 양공 24년). 몰몰지각은 몰지각의 강조.

56 呪文 : 원래는 술가가 술법을 행하는 데에 외는 글귀인데 최제우는 마음을 닦고 하느님께 비는 여러 가지의 글귀라는 뜻으로 사용함.

57 일너 : 일러

58 得道 : 도를 깨달음. 오묘한 뜻을 깨달음.

59 不似 : 꼴이 꼴 같지 않음. 얼굴 생김이 보잘것없이 흉악한 사람.

60 어디다 : 어질다.

61 責在元帥 : 책임이 윗자리의 사람에게 있음을 가리키는 말.

삼강오륜 다 버리고
현인군ᄌᆞ 무어시며
가도화순[62]ᄒᆞᄂᆞᆫ 법은
부인의게 관계ᄒᆞ니
가장이 엄숙ᄒᆞ면
이런 비치 왜 잇스며
부인 경계[63] 다 버리고
져도 역시 고이[64]ᄒᆞ니
졀통코 ᄋᆡ달ᄒᆞ다
유시부 유시쳐[65]라
ᄒᆞᄂᆞᆫ 도리 업다마는
현슉ᄒᆞᆫ 모든 버즌
ᄎᆞᄎᆞᄎᆞᄎᆞ 경계ᄒᆡ셔
안심 안도[66] ᄒᆞ여 주소
ᄂᆡ가 역시 수치[67]ᄒᆞ면
ᄌᆡ방[68]ᄒᆞᆫ ᄌᆞᄂᆡ드른
불미디ᄉᆞ[69] 안일넌가

삼강오륜 다 버리고
현인군자 무엇인가
가정의 평화는
부인에게 관계하니
가장이 엄숙하면
가정 혼란 왜 있을까
부인이 조심 없이
함부로 한다 하니
애달프기 그지없다
남편 따라 아내 하니
어쩔 수 없다마는
현숙한 모든 벗은
매사에 조심하여
안심하게 하여 주소
수치를 내 당하면
곁에 있는 사람에게
불미한 일 될 것이니

62 家道和順 : 집안 살림을 하여 가는 방도가 부드럽고 친목함.
63 警戒 : 뜻밖에 잘못되는 일이 생기지 아니하도록 마음을 가다듬어 조심함.
64 怪異 : 이상야릇함. 알 수 없음.
65 有是夫有是妻 : 이러한 지아비가 있으니 이러한 지어미가 있는 것이라는 뜻.
66 安堵 : 사는 곳에서 평안히 지냄.
67 羞恥 : 부끄러움.
68 在傍 : 곁에 있음. 가까이에 있음.
69 不美之事 : 아름답지 아니한 일.

관기동졍[70] ᄒᆞ지 말고	하는 짓만 보지말고
딘션딘미[71] 효유ᄒᆡ셔	간곡하게 타일러서
이ᄂᆡ 수치 씨셔 쥬면	이내 수치 씻어주면
그 아니 성덕[72]인가	어찌 좋은 일 아닌가

셋째 마디

남의 ᄉᆞ장 되ᄂᆞᆫ 법은	남의 스승 되려 하면
ᄂᆡ자불거[73] 안일넌가	오는 사람 막지 말고
가르치기 위듀[74]ᄒᆞ니	일심으로 가르치고
그 밧게 무어시며	다른 생각 하지 말라
남의 졔ᄌᆞ 되ᄂᆞᆫ 법은	남의 제자 되려 하면
ᄇᆡᆨ년결의[75]ᄒᆞ온 후의	굳은 맹세 바친 후에
공경이[76] 바든 문ᄌᆞ	받은 문자 추호라도
호말[77]인들 변ᄒᆞᆯ소냐	바꾸면 안 된다네
출등[78]ᄒᆞᆫ 졔군ᄌᆞ[79]ᄂᆞᆫ	훌륭한 군자들이
비비유지[80] ᄒᆞᆫ다 ᄒᆡ도	드물지 않은 것은

70 觀其動靜 : 행동이나 사태나 병세 따위의 벌어져 나가는 낌새를 살핌.
71 盡善盡美 : 더할 수 없이 잘됨.
72 盛德 : 밝고 크고 옳고 빛나고 착하고 아름답고 부드럽고 따스하여 사람으로서의 길을 행하는 마음 또는 짓.
73 來者不拒 : 오는 사람을 막지 않음.
74 爲主 : 주장을 삼음.
75 百年結義 : 남남끼리 의리로써 한평생 동안 친족과 같은 관계를 맺음.
76 공경이 : 공경히. 삼가서 예를 표시하며.
77 毫末 : 털끝. 썩 작은 사물을 가리키는 말.
78 出等 : 뛰어남. 탁월함.
79 諸君子 : 학행과 덕행이 높은 여러 사람들.
80 比比有之 : 드물지 아니하고 흔히 있음.

작디ᄉᆞ 작디제[81]라	그 스승에 그 제자라
ᄉᆞ문셩덕[82] 안일넌가	유학의 큰 덕일세
ᄌᆞ고 셩현 문도[83]드른	예로부터 성현들이
ᄇᆡᆨ가시셔[84] 외아ᄂᆡ야	시서를 공부하여
연원[85]도통[86] 직혀ᄂᆡ셔	학맥을 지키고
공부ᄌᆞ 어진 도덕	공자님 어진 도덕
가쟝 더욱 발켜ᄂᆡ야	공들여 밝혀내서
쳔추의 젼ᄒᆡ 오니	끊임없이 전해오니
그 아니 깃불소냐	그 아니 기쁠쏘냐
ᄂᆡ 역시 이 세상의	나 또한 이 땅에서
무극ᄃᆡ도 닥가ᄂᆡ야	진리를 깨닫고
오ᄂᆞᆫ ᄉᆞ람 효유ᄒᆡ셔	오는 사람 가르쳐서
삼칠ᄌᆞ[87] 전ᄒᆡ 듀니	스물한 자 전해 주니
무위이화[88] 안일넌가	우주의 규칙일세
우ᄆᆡᄒᆞᆫ 세상 ᄉᆞᄅᆞᆷ	우매한 세상사람
ᄌᆞ존지심[89] 다 던지고	자존심을 다 버리고

81 作之師作之弟 : 스승이 되고 제자가 됨.

82 斯門盛德 : 공자 교문(敎門)의 훌륭한 덕행.

83 門徒 : 스승의 가르침을 받는 사람.

84 百家詩書 : 여러 시인과 학자들의 저서.

85 淵源 : 도의 본원.

86 道統 : 도가 전해진 계통(堯 - 舜 - 禹 - 湯 - 周公 -孔子).

87 三七字 : 21글자로 된 주문. (至氣今至 願爲大降 侍天主造化定 永世不忘 萬事知)

88 無爲而化 : 힘들여 하지 아니하여도 저절로 변하여 잘 이루어짐. 자존 자율의 우주법칙을 이름.

89 自尊之心 : 제 몸을 굽히지 않고 스스로 존중하는 마음.

ᄌᆞ시디벽[90] 무슴 일고	이기심만 내세우네
ᄉᆞ문[91]의 업ᄂᆞᆫ 법을	유학에 없는 법을
혼ᄌᆞ 안ᄌᆞ 지여ᄂᆡ니	혼자 앉아 지어내니
쳔추의 업ᄂᆞᆫ 볍을	세상에 없는 법을
어ᄃᆡ ᄀᆞ셔 본을 보며	어디서 본떠왔나
입도ᄒᆞᆫ ᄉᆞ오삭의	서너 달에 깨쳤다니
엇디 그리 속셩인고	어찌 그리 속성인가
ᄋᆞ달다 져 ᄉᆞᄅᆞᆷ은	저 사람 안됐구나
명명[92]ᄒᆞᆫ 이 운수는	밝디 밝은 이 운수는
다가치 발지마ᄂᆞᆫ	온 세상에 휘황하나
엇던 ᄉᆞ람 군ᄌᆞ 되고	어떤 이는 군자되고
엇던 ᄉᆞᄅᆞᆷ 져러ᄒᆞᆫ고	어떤 이는 저리 되나
인의예디신[93]인 주를	인의예지 신에도
망창[94]ᄒᆞᆫ 져 소견의	흐리멍텅한 주제에
무얼셜 아잔 말고	무얼 안단 말인가
력력히 그록ᄒᆡ셔[95]	분명히 기록해서
거울가치 젼ᄒᆡ 쥬니	거울같이 전해주니
ᄌᆞ세 보고 안심ᄒᆡ셔	잘 보고 안심하고
불ᄉᆞᄒᆞᆫ 그른 거동	그릇된 행동으로

90 自恃之癖 : 무슨 일이 그러하려니 하고, 저 혼자 속으로 믿고 겉에 드러내는, 굳은 버릇.

91 斯文 : 유교에서 유교의 문화를 이르는 말.

92 明明 : 조금도 흐림이 없이 아주 밝음.

93 仁義禮智信 : 인자와 정의와 예절과 슬기와 믿음의 오상(五常).

94 茫蒼 : 흐리멍덩하고 앞이 아득함.

95 그록ᄒᆡ셔 : 기록해서.

남의 이목 살펴ᄂᆡ야	남의 지탄 받지 말고
졍심수신ᄒᆞᆫ온 후의	마음과 몸 바로 하여
남과 가치 수도ᄒᆞ소	남과 함께 공부하소
ᄃᆡ져 세상 인도[96] 듕의	사람의 도리 중에
미들 신ᄍᆞ[97] 주장일셰	믿을 신(信) 자 으뜸일세
ᄃᆡ장부 의긔범졀[98]	대장부의 정의감이
신 업시면 어ᄃᆡ ᄂᆞ며	믿음에서 나오며
삼강오륜 발근 법은	삼강오륜 밝은 법이
예 업시면 어ᄃᆡ ᄂᆞ며	예절에서 나오며
ᄃᆡ쟝부 지혜범졀	대장부의 지혜가
염치 듕의 잇셔스니	염치에서 나오는데
우숩다 져 ᄉᆞᄅᆞᆷ은	우습다 저 사람은
ᄌᆞ포ᄌᆞ기 모르고셔	본심을 버리고
모몰 염치[99] 작ᄂᆞᆫᄒᆞ니	염치없이 행동하니
이ᄂᆞᆫ 역시 ᄂᆞᆫ도ᄌᆞ오	도리를 어긴 자요
ᄉᆞ댱 못ᄒᆞᆫ ᄎᆞ제도법[100]	안 가르친 수도방법
졔 혼ᄌᆞ 아라스니	제 혼자 안다 하니
이ᄂᆞᆫ 역시 ᄂᆞᆫ볍ᄌᆞ라	법을 어긴 자라
ᄂᆞᆫ법ᄂᆞᆫ도 ᄒᆞᄂᆞ ᄉᆞᄅᆞᆷ	도와 법을 어기고서
날 볼 ᄂᆞ치 무어신고	무슨 낯에 날 보려나

96 人道 : 사람이 생존하여 가는 데 마땅히 행할 도리.
97 信字 : 믿음성이 있고 성실하다는 뜻의 신(信)이라는 글자.
98 義氣凡節 : 의로운 마음으로 인하여 일어나는 모든 기개.
99 冒沒廉恥 : 염치 없는 줄을 알면서도 이를 무릅쓰고 함.
100 次第道法 : 순서 있게 도를 닦아 나가는 방법.

이가치 아니 말면	이같이 계속 하면
제 신슈[101] 가련ᄒᆞ고	제 몸 운수 가련하고
이ᄂᆡ 도 더럽피니	진리를 더럽히니
주소[102]간 ᄒᆞᄂᆞᆫ 걱정	밤낮으로 하는 걱정
이 밧게 다시 업다	이밖에 다시 없다
작심[103]으로 불변ᄒᆞ면	마음먹고 안 바꾸면
ᄂᆡ셩군ᄌᆞ[104] 안일넌가	군자가 될 것이니
귀귀ᄌᆞᄌᆞ 살펴ᄂᆡ야	자세히 살피고
정심수도 ᄒᆞ여두면	일심으로 수도하여
춘ᄉᆞᆷ월 호시절의	춘삼월 호시절에
ᄯᅩ 다시 만ᄂᆞ볼가	또 다시 만나보세

101 身數 : 한 몸의 운수.

102 晝宵 : 밤낮.

103 作心 : 마음을 도슬러 먹음.

104 乃成君子 : 곧 학행과 덕행이 높은 사람이 됨.

권학가

임슐(1862)

첫째 마디

노류ᄒᆞᆫ담 무ᄉᆞᄀᆡᆨ[1]이	할 일 없는 나그네가
팔도강산 다 발바셔	팔도강산 유람하다
젼라도 은젹암[2]의	전라도 은적암에서
환세ᄎᆞ[3]로 소일ᄒᆞ니	새해를 맞이했네
무졍ᄒᆞᆫ 이 셰월의	무정한 이 세월에
놀고 보고 먹고 보세	놀고 보고 먹고 보세
호호망망[4] 너른 텬디	광대한 이 천지에
청녀[5]를 버슬 삼아	지팡이를 벗 삼으며
일신[6]으로 비겨 셔셔	이 한 몸 비켜서서
젹세만물[7]ᄒᆞ여 보니	세상 이치 궁리하니

1 路柳閑談無事客 : 길가 버들 아래서 한가로이 이야기하는, 아무 일도 없는 나그네.

2 隱寂庵 : 전라북도 남원에 있던 보국사(輔國寺)의 한 칸 방을 빌려 머물며 최제우가 붙인 방명(房名).

3 換歲次 : 설을 쉴 겸. 설을 쉬려고.

4 浩浩茫茫 : 넓고 멀어서 가가 없는 꼴.

5 靑藜 : 명아줏대로 만든 지팡이.

6 一身 : 한 몸.

7 格致萬物 : 유형한 만물을 연구하여 무형한 지식을 구성함. '젹세'는 '격치'

무ᄉᆞᆫ 이ᄂᆡ 회포
부칠 곳 바이업셔
말노 ᄒᆞ여 글을 지어
송구영신[8]ᄒᆞ여 보세
무졍ᄒᆞᆫ 이 세월이
엇디 이리 무졍ᄒᆞᆫ고
어화 세상 ᄉᆞ름들아
인간 칠십 고ᄅᆡ희[9]ᄂᆞᆫ
만고유젼 안일넌가
무졍ᄒᆞᆫ 이 세월을
력력히 혜여 보니
광음[10]가튼 이 세상의
부유[11]가튼 져 인ᄉᆡᆼ을
칠십평ᄉᆡᆼ 칭찬ᄒᆞ야
드물 희ᄶᆞ[12] 전탄 말ᄀᆞ
어화 세샹 ᄉᆞ름들아
만고풍상[13] 격근 숀[14]이

보이지 않는 마음
이심전심 어려워서
말로 하고 글로 지어
연말연시 보내려네
무정한 이 세월이
어찌 이리 무정한가
어와 세상 사람들아
칠십이면 장수라고
모든 사람 말하는데
무 정 한 세 월 을
역력히 헤어보니
쏜살같은 이 세상에
하루살이 같은 인생
칠십까지 장수했다
드물 희(稀) 자 자랑 말라
어와 세상 사람들아
온갖 풍상 겪은 손이

의 잘못.

8 送舊迎新 : 묵은 해를 보내고 새해를 맞음.

9 人間七十古來稀 : 세상에 70살까지 사는 사람은 예로부터 내려오면서 드묾.

10 光陰 : 흘러가는 시간.

11 蜉蝣 : 하루살이.

12 稀字 : 일흔을 살았다고 칭송하여 드문 일이라고 전할 만하다는 말인가? 그렇지 않다는 뜻.

13 風霜 : 바람과 서리. 많이 겪은 어려운 일.

14 숀 : 딴 데서 임시로 온 사람.

노ᄅᆡ ᄒᆞᆫ 장 지어 보세
만고풍상 격근 일을
산수 만ᄂᆞ 소창[15]ᄒᆞ고
어린 ᄌᆞ식 고향 ᄉᆡᆼ각
노ᄅᆡ 디여 소창ᄒᆞ니
이 글 보고 웃지 말고
숙독상미[16] ᄒᆞ엿으라
억조창ᄉᆡᆼ 만은 ᄉᆞ람
ᄉᆞᄅᆞᆷ마ᄃᆞ 이러ᄒᆞ며
허다ᄒᆞᆫ 은문가ᄉᆞ[17]
노ᄅᆡ마ᄃᆞ 이러ᄒᆞᆯ ᄀᆞ
귀귀ᄌᆞᄌᆞ 살펴ᄂᆡ야
력력히 외와 ᄂᆡ셔
춘삼월 호시절의
놀고 보고 먹고 보세
강산구경 다 던지고
인심풍속 살펴 보니
부ᄌᆞ유친[18] 군신유의[19]
부부유별[20] 장유유서[21]

노래 하나 지어보세
온갖 고생 겪은 설움
산수 만나 씻어내고
어린 자식 고향 생각
노래 지어 풀어내니
이 글 보고 웃지 말고
숙독하고 음미하소
억조 창생 많은 사람
사람마다 이러하며
허다한 국문 가사
가사마다 이러할까
자세히 살피고
분명하게 외워서
춘삼월 호시절에
놀고 보고 먹고 보세
강산 구경 뒤로 하고
인심 풍속 살펴보니
부자유친 군신유의
부부유별 장유유서

---

15 消暢 : 갑갑한 마음을 시원하게 함.
16 熟讀嘗味 : 익히 읽어 맛을 시험해 봄.
17 諺文歌辭 : 한글로 된 가사.
18 父子有親 : 아버지와 아들의 도는 친애에 있음.
19 君臣有義 : 임금과 신하 사이에는 의리가 있음.
20 夫婦有別 : 남편과 아내 사이에 서로 침범하지 못할 구별이 있음.
21 長幼有序 : 어른과 어린이 사이에는 차례가 있음.

붕우유신[22] 잇지마ᄂᆞᆫ	붕우유신 엄연한데
인심풍속 고이ᄒᆞ다	인심 풍속 흉악하다
세상구경 못ᄒᆞᆫ 인ᄉᆡᆼ	출생 이후 처음으로
출ᄉᆡᆼ 이후 쳠이로다	집을 나와 길 떠났네
ᄉᆡᆼ장[23]ᄒᆞᆫ 이ᄂᆡ 곳에	나고 자란 이내 고장
인심풍속 ᄒᆞᆫ탄ᄒᆡ셔	인심 풍속 한탄하고
불고가산[24] 발졍[25]ᄒᆞ여	처자 두고 길 떠나서
방방곡곡[26] ᄎᆞᄌᆞ 와셔	방방곡곡 걸으면서
ᄆᆡᄆᆡᄉᆞᄉᆞ[27] ᄉᆞᆯ펴 보니	세상 사정 살펴보니
허다ᄒᆞᆫ 남녀 ᄉᆞᄅᆞᆷ	수많은 남녀노소
ᄉᆞ람마다 낫치 셜고	사람마다 낯설고
인심 풍속 하ᄂᆞᆫ 거동	인심과 풍속이
ᄆᆡᄆᆡᄉᆞᄉᆞ 눈의 거쳐[28]	일마다 눈에 설어
타도타관[29] 안일넌가	타향이 분명하다
이ᄂᆡ 좁은 소견으로	나의 좁은 소견으로
호풍호속[30] 보랴 ᄒᆞ고	좋은 풍속 보려 하여
어진 친구 조흔 버즐	친구들을 떠났는데

22 朋友有信 : 벗의 도리는 신(信)을 잊지 아니함에 있음.
23 生長 : 나서 자람.
24 不顧家産 : 집안 살림을 돌보지 아니함.
25 發程 : 길을 떠남.
26 坊坊曲曲 : 한 군데도 빼놓지 아니한 여러 곳.
27 每每事事 : 닥쳐오는 족족의, 또는 생기는 족족의 일.
28 거쳐 : 지나는 길에 걸려서 스쳐.
29 他道他官 : 다른 도와 다른 고을.
30 好風好俗 : 예로부터 내려오는 좋은 습관. 또는 그 때 그 곳의 좋은 버릇.

일됴이별[31] ᄒᆞ단 말가
산수풍경 다 던지고
동디 셧달 셜ᄒᆞᆫ풍[32]의
촌촌젼진[33] ᄒᆞ다가셔
일소일파[34] ᄒᆞ여 보세
어화 세상 ᄉᆞᄅᆞᆷ들아
세상 풍속 모르거든
ᄂᆡ 곳 풍속 살펴 보쇼
이도 역시 시운[35] 이라
무가ᄂᆡ라 ᄒᆞᆯ ᄭᅵᆯ 업ᄂᆡ
편답강산 아니ᄒᆞ면
인심풍속 이런 주를
아이 보고[36] 엇지 알쏘
ᄃᆡ져 인간 ᄇᆡᆨ쳔만ᄉᆞ[37]
보고ᄂᆞ니 ᄒᆞᆫ이 업ᄂᆡ

그럴 것 없었구나
경치 볼 여유 없이
동지섣달 눈 바람에
마을을 떠돌다가
크게 한 번 웃었다네
어와 세상 사람들아
세상 풍속 알려 하면
내 곳 풍속 살펴보소
시대의 운수는
어찌할 길이 없네
그러나 인심 풍속
고향 타향 같은 것을
안 봤으면 몰랐으리
대저 세상 백천만사
보고 나니 한이 없네

---

31 一朝離別 : 하루 아침에 나뉘어 헤어짐.
32 雪寒風 : 눈바람. 눈 위의 찬 바람.
33 村村轉進 : 마을에서 마을로 옮아 나아감.
34 一笑一罷 : 한바탕 웃고 모든 것을 잊음.
35 時運 : 때의 운수.
36 아이보고 : 아니 보고.
37 人間百千萬事 : 사람의 모든 일.

둘째 마디

ᄌᆞ고급금[38] 촌탁[39]ᄒᆞ니	가만히 생각하니
요순ᄉᆡᆼ세 그 ᄊᆡ라도	요순 시절 그때에도
일텬디ᄒᆞ[40] 마는 ᄉᆞ람	온 세상 많은 사람
ᄉᆞᄅᆞᆷ마다 요순일세[41]	사람마다 요순일까
윤회[42]가치 둘닌 운수	운수의 운행이니
수원수구[43] 안일넌가	누구를 원망하랴
아모리 이 세상도	아무리 이 세상에
현인군ᄌᆞ 잇지마ᄂᆞᆫ	현인이 있다 해도
진토[44]듕의 무친 옥셕	흙에 묻힌 옥석을
뉘랴셔 분간ᄒᆞ며	그 누가 분간하며
안빈낙도 ᄒᆞ지마ᄂᆞᆫ	안빈낙도 한다 해도
뉘라셔 지도ᄒᆞᆯ고	이끌 사람 많지 않네
시운을 의논ᄒᆡ도	시대의 운수에는
일셩일쇠[45] 안일넌가	성쇠가 있어서
쇠운[46]이 지극ᄒᆞ면	쇠약하게 되었다가
셩운이 오지마ᄂᆞᆫ	융성하게 되지마는

38 自古及今 : 예로부터 오면서 이제에 미치도록.
39 忖度 : 남의 마음을 미루어서 헤아림.
40 一天之下 : 같은 하늘 아래에 있는.
41 요순일세 : '요순일ᄉᆞᆨ'의 잘못인 듯(?).
42 輪廻 : 차례로 돌아감. 중생의 영혼이 육체와 같이 멸하지 아니하고 다른 육체로 옮아 끝없이 돌아서 다시 남.
43 誰怨誰咎 : 남을 원망하거나 책망할 것이 없음.
44 塵土 : 티끌과 흙.
45 一盛一衰 : 성하는 때도 있고 쇠하는 때도 있음. 한 번 성하면 한 번 쇠함.
46 衰運 : 쇠하여지는 운수.

현숙ᄒᆞᆫ 모든 군ᄌᆞ	우리들 모두에게
동귀일테[47] ᄒᆞ엿던가	공동 목표 있었던가
어렵도다 어렵도다	어렵도다 어렵도다
만ᄂᆞ기도 어렵도다	만나기 어렵도다
방방곡곡 ᄎᆞᄌᆞ 들어	방방곡곡 어디서나
만ᄂᆞ기만 만날 딘ᄃᆡᆫ	만나기만 만난다면
흉듕의 품은 회포	마음에 품은 생각
다른 ᄒᆞᆯ 말 바이 업고	에두르지 아니하고
수문수답[48] ᄒᆞ온 후의	묻는 대로 대답하여
당당정니[49] 발켜ᄂᆡ야	진리를 밝힐 텐데
일세상[50] 져 인물이	온 세상 사람들이
도탄[51] 듕 안일넌ᄀᆞ	진구렁에 빠져 있네
흠디ᄉᆞ디[52] 출ᄉᆡᆼ들아	사지에 몰려서
보국안민[53] 엇디ᄒᆞᆯᄭᅩ	백성을 어찌 돕나
ᄃᆡ져 인간 초목군ᄉᆡᆼ[54]	푸나무나 짐승이나
ᄉᆞᄉᆡᆼᄌᆡ텬[55] 안일넌가	생사는 재천이고
불시풍우[56] 원망ᄒᆡ도	죽을 때는 누구나

47 同歸一體 : 하나의 같은 몸으로 함께 돌아감.

48 隨問隨答 : 묻는 대로 막힘없이 대답함.

49 堂堂正理 : 매우 정대(正大)하고 바른 도리.

50 一世上 : 온 세상.

51 塗炭 : 몹시 곤고(困苦)함의 비유. 진구렁이나 숯불에 빠졌다는 뜻.

52 陷之死地 : 죽을 만한 곳에 빠짐.

53 輔國安民 : 나라를 돕고 인민을 편안하게 함.

54 草木群生 : 푸나무와 일반 생물.

55 死生在天 : 죽고 사는 사람의 목숨이 하늘에 달려 있음.

56 不時風雨 : 제 철이 아닌 때에 닥친 비바람.

임ᄉᆞ호텬[57] 안일넌가	하느님을 부르네
삼황[58] 오제[59] 셩현들도	성현들도 하느님을
경텬순텬[60] 안일넌가	공경하지 않았던가
효박ᄒᆞᆫ 이 세상의	각박한 이 세상에서
불고텬명 ᄒᆞ단 말가.	하느님을 불신하나
댱평ᄀᆡᆼ졸[61] 만은 ᄉᆞ람	전쟁에서 죽을 때도
ᄒᆞᄂᆞᆯ님을 우러러셔	하느님을 우러르네
됴화[62]듕의 ᄉᆡᆼ겨스니	신비 중에 살면서
은덕은 고ᄉᆞᄒᆞ고	은덕은 고사하고
근본죠ᄎᆞ 이즐소냐	근본조차 잊을쏘냐
가련ᄒᆞᆫ 세상 ᄉᆞᄅᆞᆷ	가련한 세상사람
각ᄌᆞ위심[63] ᄒᆞ단 말가	마음 각각 달리 먹나
경텬순텬ᄒᆞ엿스라	하느님을 공경하라
효박ᄒᆞᆫ 이 세상의	각박한 이 세상에서

57 臨死號天 : 죽게 된 때를 당하면 하느님을 부름.

58 三皇 : 중국 고대(古代) 전설에 나타난 세 임금. 천황씨(天皇氏), 지황씨(地皇氏), 인황씨(人皇氏), 또는 복희(伏羲), 신농(神農), 황제(黃帝).

59 五帝 : 중국 태고 시대의 다섯 성군. 곧 복희(伏羲), 신농(神農), 황제(黃帝), 소호(少昊), 전욱(顓頊), 『사기(史記)』의 「오제기(五帝紀)」에는 황제, 전욱, 제곡(帝嚳), 요(堯), 순(舜)을 들었음. 민속에서는 동쪽의 청제, 서쪽의 백제, 남쪽의 적제, 북쪽의 흑제, 중앙의 황제를 이름.

60 敬天順天 : 하느님을 공경하고 하느님의 분부에 순종함.

61 長平坑卒 : 전국시대에 조(趙)나라와 진(秦)나라가 전쟁하여 조나라가 패하매 진나라 장수 백기(白起)가 조나라 군사 40만 명을 사로잡아 장평이란 곳에서 파묻어 죽인 고사(故事).

62 造化 : 대자연의 이치를 가리키는 말로 모든 물건을 만들어 기른다는 뜻. 사람의 힘으로는 어찌할 수 없이 신통하게 된 사물을 가리키는 말.

63 各自爲心 : 각각 제마다 마음을 달리 먹음.

불망기본[1] ᄒᆞ엿스라	근본을 잊지 마세
임금의게 공경ᄒᆞ면	임금을 공경하면
충신열ᄉᆞ 안일넌ᄀᆞ	충신열사 아닌가
부모님게 공경ᄒᆞ면	부모님을 공경하면
효ᄌᆞ효부[2] 안일넌ᄀᆞ	효자효부 아닌가
슬푸다 세상 ᄉᆞ람	슬프다 세상사람
ᄌᆞ세 보고 공경ᄒᆞ소	공경하지 않는구나
ᄂᆞ도 ᄯᅩᄒᆞᆫ 출세[3] 후의	나 또한 어려서
됴실부모 안일넌가	부모를 여의고
정셩공경 업셔스니	정성 공경 없었으니
득죄부모 안일넌가	부모님께 죄를 졌네
ᄂᆞ도 ᄯᅩᄒᆞᆫ 츙녈숀[4]이	충신의 자손으로
초야의 ᄌᆞ라ᄂᆞ셔	초야에 묻혀서
군신유의 몰ᄂᆞ스니	군신유의 몰랐으니
득죄군왕[5] 안일넌가	임금님께 죄를 졌네
허송세월 디ᄂᆡᄂᆞ니	허송세월 하다가
거연 ᄉᆞ십 도얏더라	사십이 되었다

---

1 不忘基本 : 그 근본을 잊지 아니함.

2 孝婦 : 효성스러운 며느리.

3 出世 : 세상에 나옴. 태어났다는 뜻. 원래는 입신하여 세상에 나서거나, 번뇌를 떠나서 불도로 들어간다는 의미임.

4 忠烈孫 : 충신 열사의 자손. 최제우의 7대조인 최진립(崔震立 1568-1636)은 임진왜란에 아우와 함께 의병을 일으켰고, 병자호란에 남한산성(南漢山城)이 포위되자 69세의 나이에 결사대를 이끌고 싸우다 전사하였음. 시호(詩號)는 정무(貞武). 1699년 숙종 25년에 사당(祠堂)을 세워 숭렬사(崇烈祠)라 사액(賜額)하였는데, 뒤에 용산서원(龍山書院)이 됨.

5 得罪君王 : 임금께 대하여 큰 잘못으로 죄를 얻음.

사십 평ᄉᆡᆼ 이ᄲᅮᆫ인가	사십 평생 이뿐인가
무가ᄂᆡ라 할 ᄭᅵᆯ 업ᄂᆡ	어찌할 수 없게 됐네

셋째 마디

ᄒᆞ원갑[6] 경신년의[7]	조선 하대 경신년에
젼ᄒᆡ 오ᄂᆞᆫ 세상 말이	전해 오는 세상 말이
요망ᄒᆞᆫ 셔양젹이	못된 서양 도적들이
듕국을 침범ᄒᆡ셔	중국을 침범하고
텬듀당 노피 세워	천주당 높이 세워
거 쇼위[8] ᄒᆞᄂᆞᆫ 도를	천주교라 하는 도가
텬ᄒᆞ의 편만[9]ᄒᆞ니	세상에 퍼진다니
가쇼졀창[10] 안일넌가	우습기 짝이 없다
증젼[11]의 드른 말을	일찍이 들은 말을
곰곰이 ᄉᆡᆼ각ᄒᆞ니	곰곰이 생각하니
아동방 어린[12] ᄉᆞ람	어리석은 조선 사람
례의 오륜 다 버리고	예의 오륜 다 버리고
남녀노소 아동듀졸[13]	남녀노소 도당 이뤄

---

6 下元甲 : 술수가(術數家)의 용어로서 60갑자(甲子)를 9궁(宮)에 배정하면 180년 만에 제 갑자로 돌아오게 되는데, 이 180년을 상중하로 세 등분하여 상기(上期) 60년을 상원갑, 중기 60년을 중원갑, 하기 60년을 하원갑이라 함.

7 庚申年 : 1860년의 최제우 37세 때.

8 所謂 : 이른바. 이른바 무어라고 하는 도라는 뜻.

9 遍滿 : 여기나 저기나 그들먹함.

10 可笑絶腸 : 대수롭지 아니하여 우습기 짝이 없음.

11 曾前 : 일찍이 지나간 적.

12 어린 : 어리석은

13 兒童走卒 : 철모르는 아이들과 어리석은 사람들.

셩군취당[14] 극셩[15] 듕의	천주교를 믿으면서
허송세월ᄒᆞᆫ단 말을	허송세월 한단 말이
보ᄂᆞᆫ 다시 드러오니	헛소문이 아니었네
무단이[16] ᄒᆞᄂᆞᆯ님게	허망하게 하느님께
쥬소[17]간 비ᄂᆞᆫ 말이	밤낮으로 비는 말이
삼십ᄉᆞᆷ텬[18] 옥경ᄃᆡ[19]의	나 죽거든 저 천당에
ᄂᆞ 듁거든 가게 ᄒᆞ쇼	가게 하소 한다 하니
우숩다 져 ᄉᆞ람은	우습다 저 사람은
져의 부모 듁은 후의	제 부모 죽은 후에
신[20]도 업다 이름ᄒᆞ고	혼백 없다 여기고
졔ᄉᆞ됴ᄎᆞ 안지ᄂᆡ며	제사조차 안 지내며
오륜의 버셔ᄂᆞ셔	오륜을 무시하고
유원속ᄉᆞ[21] 무ᄉᆞᆷ 일고	빨리 죽기 바란다니
부모 업ᄂᆞᆫ 혼령혼ᄇᆡᆨ[22]	부모 없는 혼백이
져ᄂᆞᆫ 엇디 유독 잇셔	저에게는 있을까
상텬[23]ᄒᆞ고 무엇ᄒᆞ고	천당 가서 무엇 할까

14 成群聚黨 : 도당(徒黨)을 모음.

15 極盛 : 극히 왕성함.

16 無端히 : 아무 까닭이 없이.

17 晝宵 : 밤낮.

18 三十三天 : 욕계육천(欲界六天)의 둘째로 수미산 위에 있는 천계(天界). 복판에 제석천(帝釋天)이 있고 사방에 팔천(八天)씩 삼십이천이 있음.

19 玉京臺 : 하늘 위에 옥황상제가 있다는 서울의 궁전.

20 神 : 사람이 죽은 뒤의 넋. 명명(冥冥)한 가운데서 사람에게 화복을 내려 준다는 정령(精靈).

21 惟願速死 : 오직 빨리 죽기를 바람.

22 魂靈魂魄 : 얼과 넋.

23 上天 : 하늘에 오름.

어린 소리 마라스라 　　　　 못난 소리 하지 마소
그 말 져 말 던디고 　　　　 그런 말 믿지 말고
ᄒᆞᄂᆞᆯ님을 공경ᄒᆞ면 　　　　 하느님을 공경하면
아동방 삼년괴딜[24] 　　　　 극성한 질병에도
죽을 염녀 잇을소냐 　　　　 죽을 염려 없으리라
허무ᄒᆞᆫ 너의 풍속 　　　　 허무한 천주교
듯고 ᄂᆞ니 절창[25]이오 　　　　 듣고 나니 슬프고
보고 ᄂᆞ니 ᄀᆡ탄일세 　　　　 보고 나니 한심하네
ᄂᆡ 역시 ᄉᆞ십 평ᄉᆡᆼ 　　　　 나 역시 사십 평생
ᄒᆡ음업시[26] 지ᄂᆡᄂᆞ니 　　　　 하염없이 지내다가
이져야 이 세상의 　　　　 이제서야 세상 일을
홀연이 ᄉᆡᆼ각ᄒᆞ니 　　　　 홀연히 깨달았네
시운이 둘너쎤가 　　　　 시대의 운수 타고
만고 업ᄂᆞᆫ 무극ᄃᆡ도 　　　　 무한한 진리를
이 세상의 창견[27]ᄒᆞ니 　　　　 비로소 밝혀내니
이도 역시 시운이라 　　　　 시절 운수 위대하다
일일시시[28] 먹ᄂᆞᆫ 음식 　　　　 매일 먹는 음식처럼
성경이ᄶᆞ[29] 디켜ᄂᆡ야 　　　　 정성스레 공경해서
ᄒᆞᄂᆞᆯ님을 공경ᄒᆞ면 　　　　 하느님을 섬기면

---

24 三年怪疾 : 세 해 동안 극성을 부린 야릇한 질병. 1821-1823년 사이에 유행하던 콜레라를 말하는 듯함.

25 絶腸 : 몹시 슬퍼서 창자가 끊어지는 듯함.

26 ᄒᆡ음업시 : 하염없이. 이렇다 할 만한 아무 도리가 없이.

27 刱建 : 사업을 비로소 경영하거나, 집을 비로소 이룩함.

28 日日時時 : 날마다 때마다.

29 誠敬二字 : 정성과 공경의 두 글자.

ᄌᆞ아시[30] 잇던 신병[31]　　평생 앓던 고질병도
물약ᄌᆞ효[32] 안일넌ᄀᆞ　　약 없이 낫는구나
가듕ᄎᆞ제[33] 우환 업서　　집안에 우환 없어
일연 삼ᄇᆡᆨ 뉵십일을　　일년 삼백 육십 일이
일조[34]가치 지ᄂᆡ가니　　하루아침 가듯 하니
텬우신조[35] 안일넌가　　하느님의 가호로다
ᄎᆞᄎᆞᄎᆞᄎᆞ 증험[36]ᄒᆞ니　　체험하고 체득하니
윤회시운[37] 분명ᄒᆞ다　　시절 운수 분명하다
어화 세상 ᄉᆞ람들아　　어와 세상 사람들아
이ᄂᆡ 경계ᄒᆞᄂᆞᆫ 말ᄉᆞᆷ　　내가 경계하는 말을
세세명찰[38] ᄒᆞ온 후의　　자세하게 살핀 후에
잇디 말고 지켜ᄂᆡ야　　잊지 말고 지키고
셩지우셩[39] 공경ᄒᆡ셔　　정성스레 공경해서
ᄒᆞᄂᆞᆯ님만 ᄉᆡᆼ각ᄒᆞ쇼　　하느님만 생각하소
쳐ᄌᆞ 불너 효유ᄒᆞ고　　처자에게 가르치고
영세불망[40] ᄒᆞ엿스라　　길이길이 잊지 마소

---

30 自我時 : 어린아이 때로부터 지금까지.
31 身病 : 육신의 병.
32 勿藥自效 : 약을 쓰지 아니하여도 병이 저절로 나음.
33 家中次第 : 집안의 위아래(上下).
34 一朝 : 하루 아침이나 하루 저녁과 같은 짧은 시일. 일조일석(一朝一夕).
35 天佑神助 : 하늘의 도움과 신령의 도움.
36 徵驗 : 앞에서 보이던 징조가 보람이 있음. 징조를 경험함.
37 輪廻時運 : 차례로 돌아가는 때의 운수.
38 細細明察 : 썩 자세하게 밝혀 살핌.
39 誠之又誠 : 참되고 또 참됨.
40 永世不忘 : 길이 잊지 아니함.

아동방 년년괴딜[41]	해마다 도는 병에
인물상히[42] 안일넌가	죽는 사람 허다하다
ᄂᆞ도 ᄯᅩᄒᆞᆫ 이 세상의	이 세상 방방곡곡
편답듀류[43] ᄒᆞ다가셔	두루 돌아다니다가
어딘 ᄉᆞᄅᆞᆷ 만나거든	어진 사람 만나거든
시운시변[44] 의논ᄒᆞ고	시절 운수 의논하고
ᄇᆡᆨ년 신세 말ᄒᆞ거든	장래 백년 말하거든
이 글 주고 결의[45]히셔	이 글 함께 읽으면서
붕우유신ᄒᆞ여 보셰	붕우유신 하여 보세
우ᄆᆡᄒᆞᆫ 이ᄂᆡ 말삼	내 말이 우매하나
잇지 말고 ᄉᆡᆼ각ᄒᆞ쇼	잊지 말고 생각하소
우ᄌᆞ쳔려[46] 그 가운ᄃᆡ	못난 사람 생각에서
필유일득[47] 되계드면	참된 생각 얻는다면
그 아니 덕일넌가	어찌 좋은 일 아닌가
운수[48] 관계ᄒᆞᄂᆞᆫ 일은	운수에 관한 일은
고금의 업ᄂᆞᆫ 고로	기록이 없는 고로
졸필졸문[49] 디어ᄂᆡ야	졸렬한 글 지어내어

---

41 年年怪疾 : 해마다 도는 이상스러운 병.

42 人物傷害 : 뛰어난 사람에게 해를 입힘. 인물은 원래는 뛰어난 사람이란 뜻이나 여기서는 '사람과 물건' 또는 그냥 '사람'이란 의미로 쓰임.

43 遍踏周流 : 널리 돌아다니고 두루 흘러다님.

44 時運時變 : 때의 운수와 때의 변화.

45 結義 : 남남끼리 의리로써 친족과 같은 관계를 맺음.

46 愚者千慮 : 어리석은 사람의 여러 가지 생각.

47 必有一得 : 반드시 한 가지 잘된 생각이 있음.

48 運數 : 사람의 힘을 초월한 천운과 기수(氣數).

49 拙筆拙文 : 용렬한 글씨로 용렬하게 지은 글. 자기의 글씨와 자기가 지은 글

모몰염치[50] 젼히 쥬니
이 글 보고 웃디 말고
흠지훈亽[51] 亨엿으라.

염치없이 전하니
이 글 보고 웃지 말고
속뜻을 생각하소

을 낮추어 일컫는 말.

50 冒沒廉恥 : 염치 없는 줄을 알면서도 이를 무릅쓰고 함.

51 欽哉訓辭 : 가르치어 훈시하는 말을 공경스레 존중함.

도덕가
임 슐(1862)

첫째 마디

텬디 음양 시판[1] 후의	천지 음양 나뉜 후에
ᄇᆡᆨ쳔 만물 화ᄒᆡᄂᆞ셔	만물이 생겨나니
디우ᄌᆡ 금수[2]오	우매한 건 금수요
최령ᄌᆡ[3] ᄉᆞ람이라	신령한 건 사람이라
젼ᄒᆡ 오ᄂᆞᆫ 세상 말이	하느님 뜻 사람 마음
텬의 인심[4] 갓다ᄒᆞ고	서로 통해 작용하네
ᄃᆡ정수[5] 듀역괘[6]의	『주역』의 속뜻은

---

1 天地陰陽始判 : 하늘과 땅, 음과 양이 비로소 나누어짐.

2 至愚者禽獸 : 가장 어리석은 것이 새와 짐승임. 'ᄌᆡ'의 'ㅣ'는 주격조사.

3 最靈者 : 가장 신령스러운 것.

4 天意人心 : 하느님의 뜻과 사람의 마음.

5 大定數 : 크게 운수를 정함. 음양의 변화를 낳고 귀신의 작용을 일으키는 수(數). 하도의 총수 55와 낙서의 총수 45를 합하여 둘로 나누어 얻은 수 50.

	6·1	
9·4	5·10	3·8
	2·7	

6	1	8
7	5	3
2	9	4

6 周易卦 :주역은 중국 상고시대에 복희씨(伏羲氏)가 그린 팔괘(八卦)에 대하여 주(周)나라 문왕(文王)이 대체를 총설(總說)한 괘사(卦辭)를 짓고, 주공(周公)이 이의 육효(六爻)를 세설(細說)하여 효사(爻辭)를 이루고, 여기에 공자(孔子)가 다시 심오한 원리를 붙여서, 계사(繫辭), 설괘(說卦), 문언(文言)을 첨가한 책. 음과 양의 이원(二元)으로써 우주의 만상을 설명하였음. 괘(卦)는 복희씨가 만든

ᄂᆞᆫ측지[7] 귀신이오	하느님 신비이고
ᄃᆡ학의 이른 도는	『대학』에 이른 도는
명명기덕[8]ᄒᆞ여 ᄂᆡ야	휘황한 덕 밝혀내어
디어지션[9] 안일넌가	착하게 사는 걸세
듕용의 이른 말은	『중용』에서 말하기를
텬명지위셩[10]이오	하늘 분부 본성이요
솔성지위도[11]오	본성 실현 도리요
수도디위교[12]라 ᄒᆞ야	도리 수행 교육이니
성경이ᄶᆞ 발켜 두고	정성 공경뿐이로다
아동방 현인달ᄉᆞ[13]	우리나라 트인 선비
도덕군ᄌᆞ 이름ᄒᆞᄂᆞ	도덕군자 분명하나
무지ᄒᆞᆫ 세상 ᄉᆞ람	무지한 세상사람
아ᄂᆞᆫ ᄇᆡ 텬디라도	아는 체는 하지마는
경외지심[14] 업셔스니	공경할 줄 모르니
아ᄂᆞ 거시 무어시며	아는 것이 무엇이며
텬상의 상제님이	천주이신 상제님이

글자로서 주역의 골자가 되는 것. 한 괘에 각각 삼효(三爻)가 있고, 효를 음양으로 나누어서 팔괘가 되고, 팔괘를 거듭하여 육십사괘가 됨.

7 難測者 : 헤아리기 어려운 것.

8 明明其德 : 그 덕을 휘황하게 밝힘.

9 止於至善 : 지극히 착한 데에 머묾.

10 天命之謂性 : 하늘이 분부한 것을 본성이라고 함.

11 率性之謂道 : 본성을 따르는 것을 도리라고 함.

12 修道之謂教 : 도리를 닦는 것을 교육이라고 함.

13 賢人達士 : 어질고 총명하여 성인의 다음가는 사람과 이치에 밝아서 사물에 얽매여 지내지 않는 선비.

14 敬畏之心 : 공경하고 두려워하는 마음.

옥경ᄃᆡ[15] 계시다고	천당에 계신다고
보ᄂᆞᆫ 다시 말을 ᄒᆞ니	본 듯이 말하니
음양 리치[16] 고ᄉᆞᄒᆞ고	음양 이치 고사하고
허무지셜[17] 안일넌가	허망한 말 아닌가
ᄒᆞᆫᄂᆞ라 무고ᄉᆞ[18]가	한나라 무당 판수
아동방 젼ᄒᆡ 와셔	우리나라 전해 와서
집집이 위ᄒᆞᆫ 거시	집집이 위한 것이
명ᄉᆡᆨ[19]마다 귀신일세	귀신이란 것일세
이런 지각 귀경ᄒᆞ쇼	무식의 소치로다
텬디 역시 귀신이오	천지 역시 귀신이요
귀신 역시 음양인 줄	귀신 역시 음양인 줄
이가치 몰ᄂᆞ스니	이같이 몰랐으니
경젼 ᄉᆞᆯ펴 무엇ᄒᆞ며	경전 읽어 무엇하나
도[20]와 덕을 몰ᄂᆞ스니	도덕을 모르니
현인 군ᄌᆞ 엇지 알니	트인 선비 어찌 알랴
금세[21]ᄂᆞᆫ 이러ᄒᆞᄂᆞ	지금 세상 한심하다
ᄌᆞ고 성현 ᄒᆞ신 말ᄉᆞᆷ	예로부터 성현께서
ᄃᆡ인[22]은	대인과 군자는

15 玉京臺 : 하늘 위 옥황상제가 있다는 가상적인 서울의 궁전 누대.
16 理致 : 사물의 정당한 조리.
17 虛無之說 : 헛 이름뿐이고 실상이 없는 주장.
18 巫瞽事 : 무당과 판수의 일.
19 名色 : 어떠한 부류에 넣어서 부르는 이름.
20 道 : 사람이 마땅히 밟아야 할 도리.
21 今世 : 지금 살아 있는 이 세상. 이승.
22 大人 : 관대하고 정대한 사람.

여텬디 합기덕[23]	천지처럼 덕스럽고
여일월 합기명[24]	일월처럼 분명하고
여귀신 합기길흉[25]이라	귀신처럼 예측한다
이가치 발켜닉야	이같이 밝혀내어
영세무궁 젼힉스나	후세에 전했으나
몰몰[26]흔 지각즈는	몰지각한 사람들이
옹총망총흐는[27] 말이	멍청한 생각으로
지금은 노텬[28]이라	결딴난 지금 세상
영험[29] 도ᄉ[30] 업거니와	도통한 이 없거니와
몹슬 ᄉ람 부귀흐고	몹쓸 사람 잘되고
어진 ᄉ람 궁박[31]다고	어진 사람 못된다고
흐는 말이 이뿐이오	이런 말만 할 뿐이요
약간 엇디 수신흐면	약간 어찌 수신하면
지벌[32] 보고 가세[33] 보아	문벌 보고 재산 보아
추세[34] 히셔 흐는 말이	붙좇으며 하는 말이

23 與天地合其德 : 천지와 더불어 그 덕이 합치함.
24 與日月合其明 : 해달과 더불어 그 밝은 빛이 일치함.
25 與鬼神合其吉凶 : 귀신과 더불어 그 길흉을 같이함.
26 沒沒 : 물에가라앉아 버리는 모양. 몰몰지각은 몰지각의 강조.
27 옹총망총흐는 : 정신이 흐릿하여 무슨 생각이 나다가 말다가 하는. 표준말은 '옹송망송하는'임.
28 老天 : 노쇠한 하늘. 말세와 같은 뜻.
29 靈驗 : 사람의 기원에 대한 신불의 영묘한 징험.
30 道士 : 도리를 공부하여 깨달은 사람.
31 窮迫 : 곤궁이 절박함.
32 地閥 : 지위와 문벌.
33 家勢 : 집안 살림의 형세.
34 趨勢 : 셋줄 있는 사람에게 붙좇아서 따름.

아 모 ᄂᆞᆫ	어디 사는 아무개는
지벌도 조커이와	문벌도 좋거니와
문필이 유여[35]ᄒᆞ니	문필이 괜찮으니
도덕군ᄌᆞ 분명타고	도덕군자 분명타고
모물염치[36] 츄존[37] ᄒᆞ니	염치없이 추앙하니
우숩다 져 ᄉᆞ람은	우습다 저 사람은
지벌이 무어시게	문벌이 무어라고
군ᄌᆞ를 비유[38]ᄒᆞ며	군자에 비유하며
문필이 무어시게	문필이 무어라고
도덕을 의논ᄒᆞ노	도덕을 의논하나

둘째 마디

아서라 너의 ᄉᆞ람	아서라 너희 행실
보ᄌᆞᄒᆞ니 욕이 되고[39]	보자 하니 욕이 되고
말ᄒᆞᄌᆞ니 번거ᄒᆞ되[40]	말하자니 귀찮으나
ᄂᆞ도 ᄯᅩᄒᆞᆫ 이 세상의	나도 또한 이 세상에
양의[41] ᄉᆞ상[42] 품긔[43] 히셔	음양 기운 받아 나와

---

35 有餘 : 여유가 있음.
36 冒沒廉恥 : 염치 없는 줄을 알면서도 이를 무릅쓰고 함.
37 推尊 : 추앙하여 존경함.
38 比喩 : 어떠한 사물을 끌어대어 그와 비슷한 다른 사물을 가리키어 하는 말.
39 辱이 되고 : 명예스럽지 못하고.
40 번거ᄒᆞ되 : 번거하되. 조용하지 않고 자리가 수선하되.
41 兩儀 : 음(陰)과 양(陽). 또는 하늘과 땅.
42 四象 : 음양의 네 가지 상징. 곧 태양, 태음, 소양, 소음.
43 稟氣 : 기운을 받음. 기(氣)는 중국철학에서 힘의 본질을 일컫는 말.

신톄발부[44] 바다ᄂᆡ야
근보가셩[45] ᄉᆞ십 평ᄉᆡᆼ
포의ᄒᆞᆫᄉᆞ[46]뿐이라도
텬리[47]야 모를소냐
ᄉᆞ람의 수족동졍[48]
이ᄂᆞᆫ 역시 긔신이오
션악간 마암 용ᄉᆞ[49]
이ᄂᆞᆫ 역시 긔운이오
말ᄒᆞ고 웃ᄂᆞᆫ 거ᄉᆞᆫ
이ᄂᆞᆫ 역시 됴화로세
그러ᄂᆞ ᄒᆞᄂᆞᆯ님은
지공무ᄉᆞ[50]ᄒᆞ신 마음
불턱션악[51]ᄒᆞ시ᄂᆞ니
효박ᄒᆞᆫ 이 세상을
동귀일톄[52]ᄒᆞ단 말가
요순지세[53]의도

벼슬 한 번 못 하고
사십 평생 집안 명성
겨우 보존했다마는
진리야 모르겠나
사람의 움직임은
귀신의 작용이요
선악간 마음씀은
기운의 작용이요
말하고 웃는 것은
자연의 작용일세
하느님은 사람을
공평하게 사랑하여
선악 차별 안 하시니
각박한 이 세상에
진리 실현 어렵구나
요순과 도척이

---

44 身體髮膚 : 몸뚱이의 각 부분.
45 僅保家聲 : 집안의 이름을 겨우 보존함.
46 布衣寒士 : 벼슬이 없는 가난한 선비.
47 天理 : 하늘의 공변되고 자연한 이치.
48 手足動靜 : 날마다 지내는 손발의 형편
49 用捨 : 취하여 쓰는 일과 내버리는 일.
50 至公無私 : 지극히 공변되어 조금도 사사로움이 없음.
51 不擇善惡 : 선과 악을 가리지 않음.
52 同歸一體 : 한 몸으로 함께 돌아감.
53 堯舜之世 : 요임금·순임금 같은 성인이 다스리던 세상.

도척[54]이 잇셔거든　　한 시대에 살았거든
ᄒᆞ물며 이 세상의　　하물며 이 시대에
악인 음ᄒᆡ[55] 업단 말가　　악인 음해 없겠는가
공ᄌᆞ지세의도　　공자님도 환퇴의
환퇴[56]가 잇셔스니　　음해를 받았는데
우리 역시 이 세상의　　우리가 무슨 수로
악인지셜[57] 피ᄒᆞᆯ쇼냐　　악인 음해 안 받을까
수심졍긔[58]ᄒᆞ여 ᄂᆡ야　　바른 기운 가다듬어
인의례디 디켜 두고　　인의예지 지키면서
군ᄌᆞ 말ᄉᆞᆷ 본바다셔　　군자 말씀 본받아
성경이ᄶᆞ 지켜ᄂᆡ야　　정성과 공경으로
션왕고례[59] 일ᄎᆞ는니　　알맞음을 안 잃으니
그 엇지 혐의[60] 되며　　혐의될 일 무엇이며
세간[61] 오륜 발근 법은　　오륜의 보편진리
인셩지강[62]이로셔　　인성의 근본으로

---

54 盜跖 : 중국 춘추시대의 큰 도적. 9천 명의 부하를 거느리고 천하를 횡행(橫行)하였다 함. 『사기』에 "도척은 날마다 죄 없는 사람들을 죽였다"(盜跖日殺不辜)는 기록이 있음.

55 陰害 : 넌지시 남을 해함.

56 桓魋 : 중국 춘추시대의 송(宋)의 대부(大夫)인 상퇴(向魋)의 별명. 간신으로서 공자를 죽이려 하였음.

57 惡人之說 : 모진 사람들의 헐뜯는 말.

58 守心正氣 : 마음바탕을 굳게 지키고 근원이 되는 기운을 정대하고 공변되게 함.

59 先王古禮 : 선대의 임금들이 제정한 옛날의 예절.

60 嫌疑 : 미움을 받을 만한 의심. 꺼리어 미워함.

61 世間 : 모든 사람들이 살고 있는 사회를 통틀어 일컬음. 세상.

62 人性之綱 : 사람 본성의 벼리. 벼리는 그물의 위쪽 코를 꿰어서 오그렸다 폈다 하게 된 줄. 그물에서 벼리가 중요하듯이 사람의 성품에 있어서는 오륜이 크

일치[63] 마ᄌᆞ ᄆᆡᆼ세ᄒᆞ니	지켜내자 맹세하니
그 엇지 혐의될ᄭᅩ	혐의될 일 무엇인가
성현의 가라치미	성현과 군자는
이불청음셩[64]ᄒᆞ며	음란한 짓 나쁜 행실
목불시악ᄉᆡᆨ[65]이라	하지 말라 하셨으니
어지다[66] 제군들은	어질다 그대들은
이런 말ᄉᆞᆷ 본을 바다	이런 말씀 본받아서
아니 잇ᄌᆞ ᄆᆡᆼ세ᄒᆡ셔	잊지 말자 맹세하고
일심으로 지켜ᄂᆡ면	일심으로 실천하면
도셩입덕[67]되려니와	진리 체득 하려니와
번복디심[68] 두게 드면	참된 마음 바꾸면
이ᄂᆞᆫ 역시 역니ᄌᆞ[69]오	사리를 등진 자요
물욕교폐[70]되계 드면	물욕에 물들면
이ᄂᆞᆫ 역시 비류ᄌᆞ[71]오	더럽고 천한 자요
헷말[72]노 유인ᄒᆞ면	헛말로 유인하면
이ᄂᆞᆫ 역시 혹세ᄌᆞ[73]오	사람 속여 꾀는 자요

다는 뜻.

63 일치 : 잃지.

64 耳不聽淫聲 : 귀로 음란한 소리를 듣지 아니함.

65 目不視惡色 : 눈으로 악한 빛을 보지 아니함.

66 어지다 : 어질다.

67 道成立德 : 도를 닦아 이루어 덕을 세움.

68 翻覆之心 : 이리 뒤치고 저리 뒤치는 마음.

69 逆理者 : 사리에 어그러진 사람.

70 物慾交蔽 : 물건에 대하여 탐내는 마음이 갈마들어 가림.

71 鄙陋者 : 마음이 낮고, 하는 짓이 더러운 사람.

72 헷말 : 실상이 없는 말. 빈말.

73 惑世者 : 세상 사람을 미혹(迷惑)하게 하는 사람.

안으로 불냥[74]ᄒᆞ고	속마음은 고약한데
것트로 ᄭᅮ며 ᄂᆡ면	겉모양만 꾸며내면
이ᄂᆞ 역시 긔텬ᄌᆞ[75]라	사기를 치는 자라
뉘라셔 분간ᄒᆞ리	분간하기 어렵도다
이가치 아니 말면[76]	이같이 계속 하면
경외지심 고ᄉᆞᄒᆞ고	사람 존중 고사하고
경명순리[77]ᄒᆞ단 말가	경전 이해 못하리라
허다ᄒᆞᆫ 세상 악질[78]	세상의 질병을
물약ᄌᆞ효[79]도얏스니	약 없이 고치니
그이[80]코 두려오며	얼마나 기이하며
이 세상 인심[81]으로	수많은 사람들이
물욕제거[82]ᄒᆞ여 ᄂᆡ야	물욕을 제거하고
ᄀᆡ과쳔션[83]도얏스니	개과천선하였으니
셩경이ᄯᆞ 못지킬가	정성 공경 신비롭다
일일이 못본 ᄉᆞᄅᆞᆷ	만나 보지 못한 사람
상ᄉᆞ지회[84] 업슬쇼냐	그립고 보고 싶어

74 不良 : 성질이 좋지 못함.
75 欺天者 : 하느님을 속이는 사람.
76 아니 말면 : 하면. 이중부정은 긍정임.
77 經明順理 : 경학(經學)에 밝고 도리에 순종함.
78 惡疾 : 고치기 어려운 병.
79 勿藥自效 : 약을 쓰지 아니하여도 병이 저절로 나음.
80 奇異 : 기묘하고 이상함.
81 人心 : 형기(形氣)로서 생긴 마음. 도심(道心: 공동선)의 반대. 사람의 마음. 백성의 마음.
82 物慾除去 : 물건에 대하여 탐내는 마음을 덜어내어 떨어버림.
83 改過遷善 :허물을 고치고 착하게 됨.
84 相思之懷 : 서로 생각하며 그리워하는 회포.

두어귀 언문 가사
드른 다시 외와 ᄂᆡ야
졍심수도ᄒᆞ온 후의
잇디 말고 ᄉᆡᆼ각ᄒᆞ쇼

국문 가사 지었으니
날 본 듯이 외우고
일심으로 수행하며
잊지 말고 생각하소

홍비가[1]

계희(1863)

첫째 마디

시운[2] 벌가[3]벌가ᄒᆞ니	도끼 자루 만드는 본
기측불원[4]이라	도끼라 하였으니
ᄂᆡ 압헤 보ᄂᆞᆫ 거슬	내 앞에 보는 것을
어긜 ᄇᆡ 업지마ᄂᆞᆫ	무시하면 안 되지만
이ᄂᆞᆫ 도시[5] ᄉᆞ름이오	진리 바탕 사람이니
부ᄌᆡ어근[6]이로다	정신이 중요하다

---

1 興比歌 : 홍과 비는 각각 시경의 여섯 가지 체, 곧 풍, 아, 송, 부, 비, 홍 가운데의 하나임. 여기서 풍은 민요, 아는 잔치 노래, 송은 제사 노래 등으로 내용에 따른 구분이나, 뒤의 셋은 문체에 따른 분류이니, 부는 감상을 그대로 직서하는 것이고, 비는 어떤 사물을 끌어대어 그와 비슷한 다른 사물을 가리키어 하는 말이고, 홍은 먼저 다른 물건을 읊어서 그 목적하고 있는 것을 끄집어 일으키는 것. 홍의 예를 들면 원앙새를 먼저 이끌어서 남녀의 사건을 전개하는 따위. 따라서 홍비가란 시경의 홍체와 비체를 사용하여 읊는 노래라는 뜻.

2 詩云 : 『시경』「빈풍(豳風)」에 이르기를.

3 伐柯 : 도끼자루를 벰. '伐柯伐柯 其則不遠'(도끼자루 찍으려면 그 본보기가 가까이 있지)이라는 말은 도끼자루를 도끼가 벤다는 뜻이며 비유로서 어진 사람을 맞아들이는 데는 어진 사람이 가야 된다. 또는 혼인에는 중매가 있어야 한다는 의미로도 사용됨. '伐柯如何 匪斧不克'(도끼자루를 만들려면 어떻게 하나/ 도끼가 아니면 할 수 없네)도 같은 뜻임.

4 其則不遠 : 본보기가 멀리 있지 않음. 도끼로 나무를 깎아서 도끼자루를 만들려고 할 때 그 본보기가 되는 도끼자루가 도끼에 달려 있다는 뜻.

5 都是 : 이것도 저것도 할 것 없이 모두. 이러니 저러니 할 것 없이 아주. 도무지.

6 不在於近 : 가까이에 있지 않다.

목젼지ᄉᆞ[7] 수이[8] 알고	눈앞에 보이는 것
심냥[9] 업시 ᄒᆞ다가셔	쉽게 알고 행동하다
말ᄂᆡ지ᄉᆞ[10] 갓ᄌᆞ느면[11]	마지막에 잘못되면
그 아니 ᄂᆡ ᄒᆞᆫ인가	얼마나 딱한가
이러므로 세상 일이	이러므로 세상 일이
ᄂᆞᆫ지이유이[12]ᄒᆞ고	어렵다면 용이하고
이지이ᄂᆞᆫ[13]인 쥴을	쉽게 보면 곤란한 줄
ᄭᆡ닷고 ᄭᆡ다를가	깨달아야 하리로다
명명[14]ᄒᆞᆫ 이 운수ᄂᆞᆫ	휘황한 이 운수는
다가치 발지마ᄂᆞᆫ[15]	두루두루 밝은데
엇던 ᄉᆞ름 져러ᄒᆞ고	어떤 사람 왜 저렇고
엇던 ᄉᆞ람 이러ᄒᆞᆫ지	어떤 사람 왜 이런가
이리 촌탁[16] 져리 촌탁	이리저리 생각하다
각각 명운[17] 분명ᄒᆞ다	운명이라 판단하고

7 目前之事 : 눈앞에 보이는 한 때의 일.

8 수이 : 쉽게, 가볍게.

9 深量 : 깊은 사량(思量). 깊이 헤아림.

10 末來之事 : 마지막에 올 일. 끝에 닥칠 일.

11 갓ᄌᆞᄂᆞ면 : 같잖으면. 사정이 순조롭지 못하면.

12 難知而有易 : 알기가 어려우면 쉬움이 있음.

13 易之而難 : 알기가 쉬우면 어려움. 속뜻은 君以爲易 其難也將至焉(그대가 쉽다고 생각하면 그 어려움이 장차 이를 것이다)인 듯하나. 문면(文面)으로만 보면 위와 같이 해석됨.

14 明明 :조금도 흐림이 없이 아주 밝음.

15 발지마ᄂᆞᆫ : 밝지마는.

16 忖度 : 남의 마음을 미루어서 헤아림.

17 命運 : 인간의 모든 일을 지배하고 있는 초인간적인 힘이 있다고 믿을 때에 그 힘의 일컬음. 운명.

의아[18] 잇ᄂᆞᆫ 그 ᄉᆞ람은	의심하고 궁리하다
텬고청비[19] 그 문ᄌᆞ를	하느님이 귀 기울여
궁ᄉᆞ멱득[20]ᄒᆞ여 ᄂᆡ야	백성 말 듣는다고
제 소위 추리[21]라고	제 혼자 추측하고
ᄉᆡᆼ각ᄂᆞ니 이ᄲᅮᆫ이오	제멋대로 주장하네
그런고로 평ᄉᆡᆼ 소위[22]	평생의 하는 짓이
일변은 교ᄉᆞ[23]ᄒᆞ고	한편으로 허망하고
일변은 가소로다	한편으로 가소롭다
ᄒᆞᄂᆞᆯ님이 노푸시ᄂᆞ	하느님은 높으시나
청비문ᄌᆞ[24] 겁을 ᄂᆡ셔	백성 말 듣는다고
말은 비록 아니ᄒᆞᄂᆞ	두려워서 말 안하고
심ᄉᆞ[25]를 소겨ᄂᆡ야	속마음을 감춘 채로
이 운수가 엇더ᄒᆞᆯ지	운수를 시험하려
ᄐᆡᆨ명[26]이ᄂᆞᆫ ᄒᆞ여 보ᄌᆞ	이름을 올려놓고
모든 친구 유인ᄒᆞ야	친구들을 유인하여
흔연 ᄃᆡ졉ᄒᆞᄂᆞᆫ 듯다	대접하는 체하네
아셔라 져 ᄉᆞᄅᆞᆷ은	아서라 저 사람아

18 疑訝 : 의심하여 분별하기 어려움.
19 天高聽卑 : 하늘은 높으나 낮은 데의 소리를 잘 들음.
20 窮思覓得 : 애써 생각하고 찾아 얻음.
21 推理 : 사리를 미루어서 생각함.
22 所爲 : 하는 일. 이미 하여 놓은 나쁜 짓.
23 巧詐 : 교묘한 재주로 남을 속임.
24 聽卑文字 : 낮은 데의 소리를 듣는다는 글귀.
25 心思 : 남이 하는 일에 방해하려는 고약한 마음.
26 托名 : 이름을 의탁함. 적(籍)을 걸어둠.

네가 비록 암ᄉᆞ[27]ᄒᆞᄂᆞ	슬그머니 속인다고
ᄒᆞᄂᆞᆯ님도 모르실가	하느님이 모르실까
그 듕의 몰각ᄌᆞ[28]ᄂᆞᆫ	몰지각한 사람들은
죠셕지우[29] 잇디마ᄂᆞᆫ	먹을 것이 없는데도
엄ᄂᆞᆫ[30] 것 구ᄒᆡ 가며	없는 돈을 구해서
온포지공[31] 착실ᄒᆞ야	옷과 밥을 베풀며
소위 통졍[32]ᄒᆞᄂᆞᆫ 말이	친한 듯이 하는 말이
성운성덕[33] 우리 도유[34]	운수 좋아 입도한 후
여ᄉᆞ ᄋᆡ당[35]ᄒᆞ거니와	동학 사랑 물론이고
심지상통[36] 아니ᄒᆞᆯ가	동심 동지 얻었다네
뭇ᄌᆞ는[37] 그 말이며	묻지 않는 그 말과
청찬은 그 소리을	청치 않는 그 소리를
툭툭 터러 다 ᄒᆞᄌᆞ니	툭툭 털어 다하니
그 모양 오작ᄒᆞᆯ가	그 꼴이 오죽할까
교ᄉᆞᄒᆞᆫ 져 ᄉᆞᄅᆞᆷ은	간사한 저 사람이

---

27 暗詐 : 슬그머니 남을 속임.
28 沒覺者 : 뱀뱀이도 없고 깨우쳐 아는 것도 없는 사람.
29 朝夕之憂 : 아침밥과 저녁밥의 염려.
30 업ᄂᆞᆫ : 없는.
31 溫飽之供 : 옷과 밥의 이바지.
32 通情 : 정의(情意)를 서로 통함. 남의 사정을 잘 알아 주거나 또는 자기의 사정을 남에게 알려 줌.
33 盛運盛德 : 성대한 운수와 덕.
34 道儒 : 같이 도를 닦는 선비.
35 如斯愛黨 : 이와 같이 동아리를 사랑함.
36 心志相通 : 마음과 뜻이 서로 통함.
37 뭇ᄌᆞ는 : 묻지 않은.

원문	현대어
조흔 다시[38]듯고 안ᄌᆞ	좋은 듯이 듣고 앉아
듕심[39]의 ᄒᆞᄂᆞᆫ 말이	속으로 헤아리되
ᄂᆡ 복인가 ᄂᆡ 복인ᄀᆞ	내 복인가 내 복인가
열세 ᄌᆞ[40]가 ᄂᆡ 복인가	열석 자가 내 복인가
엇지 이리 조흔 운수	이렇게 좋은 운수
그ᄣᆡ버텀 업셔넌고	예전에는 왜 없었나
령험[41]되고 조흔 말은	참되고 좋은 말은
귀 밧그로 다 바리고	귀 밖으로 흘리고
그 듕의 불미지ᄉᆞ[42]	좋지 않은 이야기만
달게 듯고 모아ᄂᆡ야	달게 듣고 모으다가
흉듕의 가득ᄒᆞ면	더 들을 게 없어지면
마지 못ᄒᆡ ᄯᅥᄂᆞ가니	마지못해 떠나가네
삼복염증[43] 져문 날의	한여름 저문 날에
소리ᄒᆞ고 오ᄂᆞᆫ 짐ᄉᆡᆼ	강아지 반기듯이
귀예 와셔 ᄒᆞᄂᆞᆫ 거동	찾아와서 하는 거동
경분[44]도 잇ᄂᆞᆫ 듯고	다정한 듯하나
이 세상 풍속되미	이 세상 풍속 보면

---

38 조흔 다시 : 좋은 듯이.
39 中心 : 간절하고 애틋한 맘속. 심곡(心曲)
40 열세ᄌᆞ : 侍天主 造化定 永世不忘 萬事知(하느님을 모시면 신비가 체득되고, 하느님을 길이 잊지 않으면 만사가 이해됩니다)라는 주문.
41 靈驗 : 사람의 기원에 대한 하느님의 영묘한 징험.
42 不美之事 : 추잡스러워서 아름답지 못한 일.
43 三伏炎蒸 : 삼복이 든 철의 몹시 심한 더위.
44 情分 : 사귀어서 정이 든 정도.

음ᄒᆡ가 듀장이라[45]
통긔[46]ᄒᆞ고 오ᄌᆞ ᄒᆞ니
의심 업시 안ᄌᆞᄊᆞ가
말초[47]의 ᄒᆡ가 미쳐
막지기단[48] 안일넌ᄀᆞ
이 왼일고 이 왼일고
먼져 우ᄂᆞᆫ 그 짐싱은
ᄒᆡ아지심[49] 두게 드면
소리ᄒᆞ기 ᄯᅳᆺ밧기오
이 왼일고 이 왼일고
아모리ᄂᆞ 살펴 보ᄌᆞ
져근듯[50] 기다리니
그 놈 ᄌᆞ취 분명ᄒᆞ다
지각업다 지각업다
이ᄂᆡ ᄉᆞ람 지각업다
져 근너[51] 져 ᄇᆡ 남게[52]
ᄇᆡ가 엇디 ᄯᅥ러져셔

음해하기 일쑤로다
통지하고 오라 하니
의심 없이 앉았다가
마지막에 해를 입고
까닭조차 모르더라
웬 일인가 웬 일인가
그 짐승의 울음소리
나를 해칠 뜻이라면
소리 내기 뜻밖일세
웬 일인가 웬 일인가
무엇인가 살펴보려
잠시 동안 기다리니
그 놈 자취 분명하다
지각없다 지각없다
이내 사람 지각없다
저 건너 배나무의
배가 문득 떨어져서

45 主掌 : 목대잡아 맡음.
46 通奇 : 통지.
47 末梢 : 끝으로 갈리어 나간 가지. 여기서는 '마지막'이란 뜻.
48 莫知其端 : 그 실마리가 되는 까닭을 알지 못함.
49 害我之心 : 나를 해치려는 마음.
50 져근듯 : 잠깐
51 근너 : 건너
52 남게 : 낡에, 나무에.

만단의아[53] 둘 즈음의	누가 했나 의심하다
가마귀 ᄂᆞ라 가셔	까마귀 날아가서
즉시 파혹[54]ᄒᆞ였더니	까닭이 밝혀졌네
지각업다 지각업다	지각없다 지각없다
이ᄂᆡ ᄉᆞ름 지각업다	이내 사람 지각없다
ᄇᆡᆨ쥬ᄃᆡ젹[55] 잇단 말을	대낮 도적 든단 말을
ᄌᆞ세이도 드러던이	일찍이 들었더니
지각업다 지각업다	지각없다 지각없다
이ᄂᆡ ᄉᆞ름 지각업다	이내 사람 지각없다
포식양거[56]도야쓰니	실컷 먹고 물러나니
문장군[57]이 너 아니냐	모기 장군 너로구나

둘째 마디

그 즁의 현인달ᄉᆞ[58]	현인과 군자들은
ᄂᆡ 말 잠간 드러보쇼	내 말 잠깐 들어 보소
합기덕[59] 아라쓰니	하느님 덕 받들면
무위이화[60] 아지마ᄂᆞᆫ	변화 이치 알겠지만

---

53 萬端疑訝 : 여러 가지 의심.
54 破惑 : 의혹을 풀어 버림.
55 白晝大賊 : 대낮에 무리를 지어 날뛰는 도둑.
56 飽食讓去 : 배불리 먹고 물러남.
57 蚊將軍 : 모기. 모기 장군이란 말은 빈정거리는 뜻이 있음.
58 賢人達士 : 어질고 총명하여 성인의 다음가는 사람과 이치에 밝아서 사물에 얽매여 지내지 않는 선비.
59 合其德 : 하느님의 덕과 합치함.
60 無爲而化 : 힘들여 하지 아니하여도 저절로 변하여 잘 이루어짐.

그러ᄂᆞ ᄌᆞ고급금[61]
ᄉᆞᄉᆞ상수[62]ᄒᆞᆫᄃᆞ ᄒᆡ도
ᄌᆞᄌᆡ연원[63] 안일런가
일일이 거울ᄒᆡ셔[64]
비야홍야[65]ᄒᆞ엿스니
범연간과[66]ᄒᆞ지말고
슉독상미[67]ᄒᆞ엿스랴
칠팔 세 글을 ᄇᆡ와
심장젹구[68]ᄒᆞ여ᄂᆡ야
쳥운교 낙수교[69]의
입신양명[70]ᄒᆞᆯ 마음은
ᄉᆞᄅᆞᆷ마ᄃᆞ 잇지마ᄂᆞᆫ
깁고 깁ᄒᆞᆫ 져 움덩[71]의

예로부터 지금까지
스승 통해 받더라도
근원은 못 바꿨네
근원을 거울삼아
비유하여 말했으니
대충 보고 놓지 말고
숙독하고 음미하소
어려서 글 배우고
옛글 따라 글 지으며
과거에 급제하여
이름 낼 마음은
사람마다 있지마는
깊고 깊은 웅덩이에

61 自古及今 : 예로부터 오면서 이제에 미치도록.

62 師師相授 : 차례로 스승이 전해줌. 윗 스승에게서 다음 스승에게로 차례로 물려줌.

63 自在淵源 : 도의 근원에 스스로 있음.

64 거울ᄒᆡ셔 : 거울 삼아서.

65 比也興也 : 비체(比體:비유로 말하기)와 홍체(興體:에둘러 말하기)를 사용하여 표현함.

66 泛然看過 : 차근차근한 맛이 없이 데면데면하게 깊이 유의하지 아니하고 그냥 보기만 하고 내버려둠. 대강 보는 중에 빠뜨리고 넘어감.

67 熟讀嘗味 : 익히 읽어 맛을 시험해 봄.

68 尋章摘句 : 옛 사람의 글귀를 따서 글을 짓는 일.

69 青雲橋 洛水橋 : 청운의 뜻을 품고 서울로 감. 조선 한양을 중국 낙양에 견주어 한수(漢水)를 낙수라 하였음.

70 立身揚名 : 출세하여 명성을 들날리게 됨.

71 움덩 : 웅덩이.

진심갈력[72] 지은 글을
여코[73] ᄂᆞ니 허무ᄒᆞ다
텬수[74]만 바ᄅᆡ다가
만코 만은 그 ᄉᆞ람의
몃몃치 참예ᄒᆡ셔
댱악원[75] ᄃᆡ풍뉴[76]로
삼일유과[77] 긔쟝[78]ᄒᆞ다
이 일 져 일 볼작시면
허무ᄒᆞ기 다시 업셔
아니 가ᄌᆞ ᄆᆡᆼ세ᄒᆡ도
ᄂᆡ 운수 ᄂᆡ가 몰ᄂᆞ
종종이[79] 단이다가
이ᄂᆡ 마음 마칠진ᄃᆡᆫ
그 아니 운수런가
원쳐[80]의 일이 잇셔
가게 드면[81] ᄂᆡ가 니코[82]

전심전력 지은 글을
넣고 나니 허무하다
운수만 바라다가
수많은 사람 중에
몇몇이 급제해서
사흘 동안 풍류 잡혀
급제 잔치 벌이네
이 일 저 일 보게 되면
허무하기 짝이 없어
가지 말자 하다가도
내 운수 내가 몰라
여유 없이 다니다가
세상을 떠나면
그 아니 운수런가
먼 곳에 일이 있어
가게 되면 유익하고

72 盡心竭力 : 마음과 힘을 있는 대로 다 씀.
73 여코 : 넣고.
74 天數 : 하늘이 준 좋은 운수. 주역에서는 양수의 합 (1+3+5+7+9=25)을 이름.
75 掌樂院 : 음률의 교열(敎閱)을 맡아 보는 관아(官衙).
76 大風流 : 피리, 저(笛), 장구, 북, 깡깡이를 아뢰는 풍류.
77 三日遊街 : 과거에 급제한 사람이 사흘 동안 좌주와 선진자와 친척을 방문하는 놀이.
78 奇壯 : 기이하고 우뚝함.
79 종종이 : 발을 가까이 자주 떼며 급히 걷는 걸음으로.
80 遠處 : 먼 곳
81 드면 : 되면.
82 니코 : 이(利)ᄒᆞ고, 이롭고.

아니 가면 ᄒᆡ가 되야	안 가면 손해라
불일발졍[83]ᄒᆞ다가셔	즉시로 집 떠나서
즁노[84]의 ᄉᆡᆼ각ᄒᆞ니	가다가 생각하니
길은 졈졈 머러지고	길은 점점 멀어지고
집은 종종 ᄉᆡᆼ각ᄂᆞ셔	집은 자꾸 생각나서
금치 못한 만단의아	마음을 못 정하고
ᄇᆡ회노샹[85] ᄉᆡᆼ각ᄒᆞ니	중도에서 배회하며
정령[86]이 알작시면[87]	확실하게 안다면
이 거름을 가지마ᄂᆞᆫ	이 길 계속 가겠지만
엇덜넌고 엇덜넌고	어찌 될까 모르니
도로 회졍[88]ᄒᆞ엿더니	돌아가자 하는구나
져 ᄉᆞ람 용녈[89]ᄒᆞ고	저 사람 못났도다
글 네ᄌᆞ[90] 발켜ᄂᆞ야	수심정기(守心正氣)원칙이
만고ᄉᆞ젹[91] 소연[92]ᄒᆞ다	역사에 뚜렷하다
아홉 길 됴산[93]ᄒᆞᆯ ᄯᅢ	아홉 길 산 쌓을 때

83 不日發程 : 며칠 안으로 길을 떠남.
84 中路 : 가던 길의 중간.
85 徘徊路上 : 길 위에서 천천한 걸음으로 오르락내리락하며 돌아다님.
86 丁寧 : 추측하건대 틀림이 없이 꼭.
87 알작시면 : 아는 데 이르게 되면.
88 回程 : 돌아오는 길에 오름.
89 庸劣 : 못생기어 재주가 없고 어리석음.
90 글네ᄌᆞ : '守心正氣'의 네 글자. 마음 바탕을 지키고 본원의 기운을 정대하게 한다는 뜻.
91 萬古史蹟 : 썩 먼 옛적의 역사에 남은 사실. 이 구절의 앞뒤에 의미의 경정(逕庭)이 있는 듯함.
92 昭然 : 사리가 뚜렷이 드러나서 밝음.
93 造山 : 산을 쌓아서 만듦.

그 마음 오작ᄒᆞᆯᄀᆞ 그 마음이 오죽할까
당초의 먹은 ᄉᆡᆼ각 당초에 먹은 생각
과불급[94] 될ᄀᆞ ᄒᆡ셔 못 이룰까 염려해서
먹고 먹고 다시 먹고 먹고 먹고 다시 먹고
오인 뉵인[95] 모흘 ᄯᅵᄂᆞᆫ 대여섯 길 쌓일 때는
보고ᄂᆞ니 ᄌᆞ미되고 보고나면 재미있고
ᄒᆞ고ᄂᆞ니 셩공이라 하고나면 뿌듯하여
어셔 ᄒᆞᄌᆞ 밧비 ᄒᆞᄌᆞ 어서 하자 바삐 하자
그러그러 다ᄒᆡ 갈 ᄯᅵ 그럭저럭 다해 갈 때
이번이ᄂᆞ 져번이ᄂᆞ 이번이나 저번이나
ᄎᆞᄎᆞᄎᆞᄎᆞ 풀닌 마음 마음이 풀어져
조조[96]ᄒᆡ셔 ᄌᆞ조 보고 초조해서 자주 보고
지질ᄒᆡ셔[97] 그쳐써니 지루해서 그쳤더라
다른 ᄂᆞᆯ 다시 보니 다른 날 다시 보니
ᄒᆞᆫ 소구리[98] 더ᄒᆡ시면 한 소쿠리 더했으면
여ᄒᆞᆫ[99] 업시 이울 공을 여한 없이 이룰 공을
엇지 이리 불급[100]ᄒᆞᆫ고 어찌 미리 포기했나
이런 일을 본다 ᄒᆡ도 이런 일을 보자면
운수ᄂᆞᆫ 기러 지고 운수는 영원하고

94 過不及 : 지나치거나 미치지 못함.
95 五仞六仞 : 다섯 길 여섯 길.
96 躁躁 : 몹시 조급하게 굶.
97 지질ᄒᆡ셔 : 깔밋하지 못하여 싫증이 날 만큼 지루하여.
98 소구리 :소쿠리. 테가 둥그런데 앞만 트이게 만든 대그릇.
99 餘恨 : 나머지 원한.
100 不及 : 미치지 못함.

조카튼[101] 잠시로다	목마름은 잠시로다
ᄉᆡᆼ각고 ᄉᆡᆼ각ᄒᆞ소	생각하고 생각하소
년포ᄒᆞᆫ 조ᄒᆞᆫ 남기[102]	아름드리 나무가
두어 ᄌᆞ 썩어신들	두어 자 썩었어도
양공은 불기[103]라도	안 버린다 하지마는
그 말이 민망ᄒᆞ다	그 말도 못 믿겠다
장인[104]이 불급ᄒᆞ야	목수가 실력 없어
아니 보면 엇지ᄒᆞ리	못 보면 어찌 하리
그말 져말 다 ᄒᆞᄌᆞ니	그 말 저 말 다 하자니
말도 만코 글도 만아	말도 많고 글도 많아
약간약간 긔록ᄒᆞ니	약간만 기록하니
여ᄎᆞ여ᄎᆞ 우여ᄎᆞ[105]라	이러하고 이러하다
이 글 보고 져 글 보고	이 글 보고 저 글 보아
무궁ᄒᆞᆫ 그 니치를	무한한 그 진리를
불연기연[106] 살펴ᄂᆡ야	그런 것과 안 그런 것
부야 홍야 비ᄒᆡ 보면	두루 살펴 밝혀내면
글도 역시 무궁ᄒᆞ고	글도 역시 무한하고
말도 역시 무궁이라	말도 역시 무한하다

101 燥渴 : 목이 마름. '조가튼'은 조가른'의 오철(誤綴).

102 連抱之木 : 아름드리 되는 큰 나무.

103 良工不棄 : 재주가 있는 장색은 버리지 않음. 당장 소용에 닿지 아니한 것도 갈무리해 둠.

104 匠人 : 손재주로 벌이를 하는 사람. 물건을 만드는 것으로 업을 삼는 사람.

105 如此如此又如此 : 이러이러하고 또 이러이러함.

106 不然其然 : 그렇지 아니함과 그러함. 그렇지 아니한 것 같은 면도 살펴보고, 그러한 것 같은 면도 살펴본다는 뜻.

무궁이 살펴ᄂᆡ야
무궁이 아라쓰면
무궁ᄒᆞᆫ 이 울 속의
무궁ᄒᆞᆫ ᄂᆡ 아닌가

무한하게 살펴내어
무한하게 알게 되면
무한한 이 누리에
무한한 내 아닌가

동경대전

東經大全

포덕문　布德文

무릇, 아득한 옛날로부터 오면서, 봄과 가을이 갈마들어 대신하고, 네 계절이 왕성해졌다가 쇠약해지고 하는 일은 옮기지도 아니하고 바뀌지도 아니하였다. 이것은 또한 하느님의 조화(造化)[1]로운 자취가 온 세상에 환히 나타남이다. 어리석은 민중은 비와 이슬을 내려 주시는 은택(恩澤)을 모르고, 그것이 작위 없이 저절로 되는 줄 알고 있다.

蓋自 上古以來로 春秋迭代와 四時盛衰 不遷不易하니 是亦天主造化之迹이 昭然于天下也로대 愚夫愚民은 未知雨露之澤하고 知其無爲而化矣러니.

오제(五帝)로부터 그 이후에 성인들이 나시어 해와 달과 별과 천지의 도수(度數)[2]를 글과 책으로 이루어 내어 천도(天道)의 떳떳함을 규정하였다. 한번 움

自五帝之後로 聖人以生하사 日月星辰과 天地度數를 成出文卷 而以定天

1 造化 : 온 세상 만물을 낳고 죽이고 발육 · 변화시키는 자연의 힘과 재주.
2 度數 : 천체 운행의 거리를 측정하는 단위. 역서(曆書)의 기본 개념이니, 천체의 운행 법칙을 관찰하여 한 해의 길이, 네 계절의 구분, 씨 뿌리고 추수하는 시기 등을 헤아리는 단위.

직임과 한번 고요히 있음, 한번 융성함과 한번 실패함을 하느님의 분부에 맡기는 일이 하느님의 분부를 공경하고 하늘의 이치[3]에 순종하는 것이 된다. 그러한 연고로 사람은 군자가 되고, 배움은[4] 도(道)와 덕(德)을 이루는 것이니, 도는 곧 하늘의 도리이고 덕은 곧 하느님의 덕이다.

道之常然하여 一動一靜과 一盛一敗를 付之於天命하니 是는 敬天命 而順天理者也라. 故로 人成君子하여 學成道德하니 道則天道요 德則天德이라.

그 도를 밝히고 그 덕을 닦는 연고로 곧 군자가 되어 지극히 성스러운 데에 이르게 되는 것이니 어찌 흠모하고 감탄하지 않겠는가?

明其道而修其德 故로 乃成君子하여 至於至聖하니 豈不欽歎哉아.

또 이 근세 이래 온 세상 사람들이 각각 스스로 딴 마음을 먹고 하늘의 이치에 순종하지 아니하며, 하느님의 분부를 돌아보지 아니하니, (내) 마음이 늘 송구스러워 지향(志向)할 바를 알지 못하였다.

又此挽近以來로 一世之人이 各自爲心하여 不順天理하고 不顧天命하니 心常悚然하여 莫知所向矣러니

---

3 天理 : 명(命)은 시킴(令)과 같다. 성(性)은 이(理)다. 하늘이 음양오행으로써 만물을 기르고 낳는데 기(氣)로써 모습을 이루고, 이(理)도 또한 부여하니, 명령함과 같은 것이다. 이에 인물이 낳으매 각각 그 부여된 이(理)를 얻음에 말미암아 오상(五常)의 덕을 굳게 순종할 것을 생각하니 이른바 성(性)이다. (命猶令也. 性卽理也. 天以陰陽五行, 化生萬物, 氣以成形, 而理亦賦焉, 猶命令也. 於是人物之生, 因各得其所賦之理, 以爲健順五常之德, 所謂性也. -『中庸』章句)

4 배움 : 중용에 도를 닦는 것을 가르침이라 한다(修道之謂敎)고 하였으니, 배움은 곧 가르침을 받는 것임.

경신(庚申:1860)[1]년에 이르러 전하여 듣건대, 서양 사람들이 하느님의 뜻을 생각하여[2] 부귀를 취하지 아니하면서 천하를 공격하여 얻어서 집(堂)을 세우고 그 도를 시행한다 하므로 나에게도 또한 그러할까, 어찌 그러할까 하는 의심이 있었다.

至於庚申하여 傳聞 西洋之人이 以爲天主之意로 不取富貴라하고, 攻取天下하여 立其堂 行其道故로 吾亦有其然豈其然之疑러니

뜻밖에도 4월[3]에 마음에 한기(寒氣)가 들고 몸이 전율하여 병이 증세를 잡을 수 없으며 말로 형상할 수 없는 즈음에 어떠한 신선의 말이 홀연히 귓속에 들어오는 것이 있었다. 놀라 일어나 캐어 물은대, "무서워하지 말고 두려워하지 말라. 세상 사람들은 나를 하느님이라고 일컫는다. 너는 하느님을 알지 못하는가?"라고 말씀하셨다.

不意四月에 心寒身戰하여 疾不得執症하고 言不得難狀之際에 有何仙語 忽入耳中이어늘 驚起探問 則曰 勿懼勿恐하라. 世人이 謂我上帝어늘 汝不知上帝耶아.

그 〔강림하신〕 까닭을 묻자온대, 이르시기를 "내 또한 보람이 없는 연고로[4], 너를 세상에 낳아서 이 법(法)을 사람들에게 가르치게 하겠다. 의심하지 말고

問其所然한대 曰余亦無功故로 生汝世間하여 教人此法하니 勿疑勿

1 庚申 : 철종(哲宗) 11년, 1860년. 이 해에 최제우는 도를 얻었음.
2 以爲 : 생각하다. 말하다.
3 四月 : 1860년 4월 5일.
4 余亦無功 : 하느님과 사람이 각각 독립적으로 존재하는 것이 아니라 서로 대대적(對待的)인 관계라는 뜻.

의심하지 말라"고 하시었다.

"그러면 기독교로써 사람들을 가르칩니까?" 하니,

"그렇지 않다. 나에게는 신령스러운 부험(符驗)[5]이 있으니 그 이름은 선약(仙藥)이며 그 모습이 태극(太極)[6]이고 또 그 모습이 궁궁(弓弓)[7]이다. 나의 이 부험을 받아 사람들을 병드는 데서 건져내며, 나의 주문(呪文)[8]을 받아서 사람들로 하여금[9] 나를 위하게 한다면, 네가 또한 길이 살아서 덕을 천하에 펼 것이다"라고 말씀하시었다.

내가 또한 그 말씀에 감동하여 그 부험을 받아 글씨 써서 〔불사른 재를 물에 타〕 먹어보니[10] 몸이 윤택해지고 병이 나

疑하라.

曰 然則西道以敎人乎이까.

曰 不然하다. 吾有靈符하니 其名은 僊藥이요 其形은 太極이요 又形이 弓弓이니 受我此符하여 濟人疾病하고 受我呪文하여 敎人爲我則汝亦長生하여 布德天下矣리라.

吾亦感其言 受其符하여 書以呑服 則潤身差病이라 方乃

---

5 靈符 : 영은 안에 있어서 만물을 생성화육하는 원리가 되고 부는 밖에 있어서 만물이 생성변화하는 자취가 됨.

6 太極 : 우주를 구성하는 두 원기인 음양의 근원 곧 이(理). 여기서는 둥근 모양을 말함.

7 弓弓 : 궁궁을을(弓弓乙乙)의 준말이니 약(弱)의 파자(跛字). 여리고 부드러운 곡선 모양이라는 뜻이 됨.

8 呪文 : 그 한 자(字) 한 자에 헤아릴 수 없는 뜻이 있어서 그것을 외우면, 일체의 장해를 제거할 수 있고, 크나큰 이득을 얻을 수 있다고 하는 글.

9 敎 : 사역(使役)의 뜻

10 여기서 재는 흙이요, 먹는 일은 숨결 곧 바람으로 변화시키는 것이니, 이러한 의식을 통하여 물과 불과 흙과 숨의 네 가지 우주 원소가 결합됨을 알 수 있고, 개인과 우주가 합치된다는 의미임을 붙잡을 수 있음. 또 재를 물에 타 마시는 것은 민간에서 설사가 났을 때 사용하는 치료법인데, 재는 곧 탄소이므로 과학적으로 보아도 지나치게 많이 먹지만 않는다면 창자의 기능을 도와주게 됨.

으매 바야흐로 곧 선약(仙藥)임을 알겠더라. 이것이 병에 사용됨에 이르러서는 어떤 사람에게는 나음이 있고, 어떤 사람에게는 나음이 없는 연고로, 그 까닭을 알 수 없었는데, 그 원인을 살펴보니, 참되고 또 참되어 하느님을 지극히 위하는 사람에게는 번번이 적중됨이 있고 도(道)와 덕(德)에 순종하지 않는 사람에게는 일일이 효험이 없었다. 이것은 받는 사람의 정성과 공경이 아닌가?

이러한 연고로 우리나라는 몹쓸 병[11]이 세상에 가득 차서 민중[12]에게 네 철(四時)의 편안함이 없으니 또한 상해(傷害)를 입을 운수이다.

서양이 싸우면 이기고, 공격하면 취하여 이룩하지 못하는 일이 없으니 중국 천하가 다 멸망하게 되면 또한 입술이 없어서 이가 시린 한탄[13]이 없지 아니할 것이다. 나라를 돕고 민중을 편안하

知仙藥矣러니 到此用病 則或有差不差故로 莫知其端하여 察其所然 則誠之又誠하여 至爲天主者는 每每有中하고 不順道德者는 一一無驗하니 此非受人之誠敬耶아.

是故로 我國은 惡疾이 滿世하여 民無四時之安하니 是亦傷害之數也요.

西洋은 戰勝攻取하여 無事不成 而天下盡滅이면 亦不無脣亡之歎이라. 輔國安民이 計將安

11 惡疾 : 1819년에 인도에서 발생한 콜레라가 1821년의 순조(純祖) 21년에 우리나라에 들어와 3년 동안 각지에 10만 명도 넘는 환자를 내었는데, 10명 중에 한두 명도 살아 남지 못하였음. (『純祖實錄』 21年 8月 己亥條)

12 民 : 민중이라고 옮긴 것은 지배자와 피지배자의 관계에서 피지배자(被支配者)를 지적하는 데 백성이라는 말보다 합리적이라고 생각한 때문임.

13 脣亡 : 순망치한(脣亡齒寒)의 준말. 중국이 망하면 우리나라에도 화가 미친다는 뜻.

게 할 계책이 장차 어디에서 나올까?

애석하구나! 이젯 사람들에 있어서는 때의 운수를 알지 못하고 나의 이 말을 들으면, 안에 들어서는 마음으로 그르다고 여기고 밖에 나서는 마을에서 〔헐뜯어〕 의논하며, 도(道)와 덕(德)에 따르지 아니하니 심히 두려워할 만하다.

현명하다고 하는 선비들 중에서도 〔내〕 말을 듣고 어떤 사람들은 그렇지 않다고 여기니[14], 나는 세상은 곧 어찌할 수 없음을 바야흐로 분개하고 탄식하면서 소략(疏略)[15]히 적어내어 타일러 제시하는 것이다. 이 글을 공경스레 받아, 가르치는 말을 존중할진저!

出고.

惜哉라 於今世人은 未知時運하고 聞我斯言 則入則心非하고 出則巷議하여 不順道德하니 甚可畏也로다.

賢者도 聞之하고 其或不然 而吾將慨歎이나 世則無奈라 忘畧記出하여 諭以示之하니 敬受此書하여 欽哉訓辭여다.

---

14 其或不然 : 어떤 사람이 그렇지 않다고 생각한다는 뜻. 然(그렇게 여기다)에는 의도가 들어가 있음.

15 忘略 : 망(忘)은 뜻없는 허자(虛字).

논학문 論學文

무릇, 천도(天道)라는 것은 모습이 없는 성싶으나 자취가 있고, 지리(地理)라는 것은 넓고 크기만 한 성싶으나 방위(方位)가 있는 것이기 때문에, 하늘에는 9성[1]이 있어 땅의 9주[2]와 상응하고, 땅에는 8방[3]이 있어 『주역』의 8괘[4]와 상응하는 가운데 찼다 비었다 갈마들

夫天道者는 如無形而有迹하고 地理者는 如廣大而有方者也라. 故로 天有九星하여 以應九州하고 地有八方하여 以應八卦 而有盈虛迭

1 九星: 하늘에 있는 아홉 별. 다음의 설이 있다.
1) 사방(四方)과 오성(五星).
2) 천봉(天蓬), 천내(天內), 천충(天衝), 천보(天輔), 천심(天心), 천금(天禽), 천임(天任), 천주(天柱), 천영(天英). 이것들 중에 두 별이 숨어 북두칠성이 됨.
3) 탐랑(貪狼), 거문(巨門), 녹존(祿存), 문곡(文曲), 염정(廉貞), 무곡(武曲), 파군(破軍), 좌보(左輔), 우필(右弼).
4) 일백(白), 이흑(黑), 삼벽(碧), 사록(綠), 오황(黃), 육백(白), 칠적(赤), 팔백(白), 구자(紫). 일백은 휴문(休門), 이흑은 사문(死門), 삼벽은 상문(傷門), 사록은 두문(杜門), 오황은 중궁(中宮), 육백은 개문(開門), 칠적은 경문(驚門), 팔백은 생문(生門), 구자는 경문(景門)이라는 설이 있음. 이것을 방위로 표시하면 일백은 감방(坎方), 이흑은 곤방(坤方), 삼벽은 진(震)방, 사록은 손(巽)방, 오황은 중앙, 육백은 건(乾)방, 칠적은 태(兌)방, 팔백은 간(艮)방, 구자는 이(離)방이 됨.

2 九州 : 중국에서 옛날 온 국토를 구획한 9개의 지역.(黃帝割地, 布九州. -『周公職錄』)

3 八方: 『주역』에 의하면 선천(先天)과 후천(後天)의 방위가 다르다.
선천에는 화수천지가 동서남북이 되고 택뢰풍산은 동남동북서남서북이 되나 후천에는 뇌택화수가 동서남북이 되고 풍산지천은 동남동북서남서북이 된다

4 八卦: 주역(周易)에서 말하는 건·태·이·진·손·감·간·곤의 여덟괘.

어 대신하는 운수와 움직이거나 정지하거나 변하거나 바뀜이 없는 이치가 있다.

음과 양이 서로 고르어, 그 가운데에서 비록 백천만물(百千萬物)이 변화되어 생겨났다 하더라도 독특히 오직 사람이 가장 영묘(靈妙)한 것인 연고로, 천지인 삼재(三才)[5]의 이치가 정해졌고, 오행(五行)[6]의 헤아림이 나왔다. 오행이란 무엇인가? 하늘은 오행의 벼리요 땅은 오행의 바탕이요 사람은 오행의 원기(元氣)이다. 하늘과 땅과 사람이라는 삼재의 원리〔數〕를 이에 가히 알 만하다.

네 철이 융성했다 쇠퇴하고 바람과 이슬과 서리와 눈이 내리는 것이 그 때를 잃지 아니하고 그 차례를 바꾸지 않는다. 초로(草露)같은 사람들은 그 까닭을 알지 못하여 어떤 사람은 하느님

代之數하고 無動靜變易之理니라.

陰陽이 相均에 雖百千萬物이 化出於其中이나 獨惟人이 最靈者也라. 故로 定三才之理하고 出五行之數하니 五行者는 何也요. 天爲五行之綱이요 地爲五行之質이요 人爲五行之氣니 天地人 三才之數를 於斯에 可見矣라.

四時盛衰와 風露霜雪이 不失其時하고 不變其序로대 如露蒼生은 莫知其端하고 或云天主之恩이

---

5 三才: 하늘을 세우는 도를 음과 양이라고 하고, 땅을 세우는 도를 유(柔)와 강(剛)이라고 하고, 사람을 세우는 도를 인(仁)과 의(義)라고 하는데, 삼재를 아울러서 둘로 나누었으므로, 역(易)은 육획(六劃)으로써 괘를 이룬다(立天之道, 曰陰與陽. 立地之道, 曰柔與剛. 立人之道, 曰仁與義. 兼三才兩之, 故易六畫而成卦. ―『周易』「說卦」傳).

6 五行: 수·화·목·금·토의 다섯 가지 원소. 수는 목을 낳고, 목은 화를 낳으며, 화는 토를 낳고 토는 금을 낳으며 금은 수를 낳는다는 상생(相生)과 수는 화를 이기고 화는 금을 이기며, 금은 목을 이기고 목은 토를 이기며 토는 수를 이긴다는 상극(相剋)의 설이 있음.

의 은혜라고 이르고 어떤 사람은 화공(化工 : 자연)의[7] 자취라고 이른다. 그러하나 은혜라고 말하더라도 오히려 보이지 않는 일이 되고 자연의 작용이라고 말하더라도 또한 형상하기 어려운 말이 된다. 무엇인가? 예로부터 이제에 미치도록 그 가운데 적실(的實)한 것이 없다.

대저 경신(庚申)년 4월[8]에 천하가 어지럽고 민심이 야박스러워〔내가〕지향(志向)할 곳을 알지 못하였는데, 또 야릇하고 어긋난 풍설(風說)이 세상에 들끓었다.[9] "서양 사람들이 도를 이루어 덕을 세웠으니, 그 조화부리는 데에 미치면 일이 이룩되지 않음이 없고, 방패와 창으로 치고 싸움에는 앞에〔맞설〕사람이 없다. 중국이 소멸하면[10] 입술이 없어 이가 시린 근심이 어찌 가히 없겠

라 하고 或云化工之跡이라 하니 然而以恩言之라도 惟爲不見之事요 以工言之라도 亦爲難狀之言이라. 何者오 於古及今에 其中未必者也라.

夫庚申之年 建巳之月에 天下紛亂하고 民心이 淆薄하여 莫知所向之地에 又有怪違之說이 崩騰于世間하되 西洋之人은 道成立德하고 及其造化에 無事不成하고 攻鬪干戈에 無人在前이라하니 中國이 燒滅하면 豈可無脣

---

7 化工: 하늘의 조화로 저절로 이루어진 그 묘한 재주.

8 建巳之月: 예전에는 인월(寅月)로 정월을 삼았으므로 사(巳)가 든 달은 4월이 됨. 건사(建巳)는 북두칠성의 자루가 사(巳)방향을 가리킨다는 말. 정월을 건인(建寅)이라 함.

9 崩騰: 산이 무너지고 강물이 끓어오름.

10 中國消滅: 영국의 무자비한 아편 판매에 항의한 중국은 1842년에 굴욕적인 남경(南京)조약을 맺었음. 1850년에는 태평천국(太平天國)의 농민전쟁이 있었고, 1858년에 애로호(號) 사건으로 다시 영국과 프랑스의 함대에 패하여 천진(天津) 조약을 맺었음.

는가? 도무지 이유에 다른 것이 없도다. 이 사람들이 도는 서도(西道)라고 일컫고, 배움은 천주학(天主學)이라고 이르니, 가르침은 곧 성교(聖教)[11]이다. 이것은 천시(天時)를 알며 천명(天命)을 받은 것이 아닌가?

亡之患耶아. 都緣無他라 斯人은 道稱西道하고 學稱天主하고 教則聖教라 하니 此非知天時 而受天命耶아.

이런 것을 일일이 들어 말하기에 그칠 줄 몰랐다. 그러므로, 나도 또한 옹송그리고 다만 늦게 태어났음을 한탄할 즈음에, 몸이 몹시 떨리고 추우며, 밖으로 신령(神靈)에 접촉한 기미가 있고 안으로 말씀을 내리시는 가르침이 있었으나 보아도 보이지 아니하였고 들어도 들리지 아니하였다. 마음이 오히려 괴이하고 의심스러워 마음을 가다듬고 기운을 바로잡으면서 물어 가로되 "어찌해서 이러합니까?"라고 하였다.

擧此一一不已故로 吾亦悚然하여 只有恨生晚之際에 身多戰寒하여 外有接靈之氣하고 內有降話之教하되 視之不見이요 聽之不聞이라 心尙怪訝하여 修心正氣而問曰 何爲若然也이까.

〔하느님께서〕가라사대, "내 마음이 곧 네 마음이다. 사람이 어찌 이것을 알겠는가?"〔보이는〕천지는 알되〔보이지 않는〕귀신[12]은 모르는데, 귀신이라는 것

曰 吾心卽汝心也라. 人何知之리오 知天地而無知鬼神하니 鬼神者도 吾也

11 聖教: 서도 · 천주학 · 성교는 다 가톨릭교를 가리킴. 원래 종교(宗教)니 성교(聖教)니 하는 것은 선비들이 유학(儒學)을 지칭하던 말인데, 뒤에 기독교에도 사용되었음.
12 鬼神: 『주역』 건괘(乾卦)의 「문언(文言)」에는 '대인은 귀신과 더불어 그 길

이 나이다. 너에게 무궁하고 무궁한 도를 미치어(及) 주었으니 닦고 익히어라. 글을 지어 남들을 가르치고 법(法)을 정하여 덕을 베풀면 너로 하여금 길이 살게 하고 천하를 휘황하게 밝히게 하겠다"고 하시었다.

내가 또한 거의 한 해에 이르도록 닦고 헤아려 보니 또한 자연의 이치[13]가 없지 아니하였으므로, 한편으로 주문[14](呪文)을 행하고, 한편으로 강령(降靈)을 비는 법[15]을 만들고, 한편으로〔하느님을〕잊지 않기로 맹세하는 글[16]을 지으니, 도법(道法)의 차례는 오히려 스물한 자(字)가 될 따름이다.

해가 구을러 신유(辛酉 · 1861)년에 이르니, 사방의 어진 선비들이 나에게 나아와 물어 가로되, "이제 하느님의 영

니라. 及汝无窮无窮之道하노니 修而煉之하여 制其文教人하고 正其法布德 則令汝長生하여 昭然于天下矣리라.

吾亦幾至一歲에 修而度之 則亦不无自然之理故로 一以作呪文하며 一以作降靈之法하고 一以作不忘之詞하니 次第道法이 猶爲二十一字而已라.

轉至辛酉하여 四方賢士 進我而問曰 今天靈이 降臨先生

흉을 합일한다'고 하였고,「계사(繫辭)」에는 '음양변화의 법칙을 아는 자는 신의 조화를 알 것이다'라고 하였음.『중용』에 '귀신의 덕은 성대하도다'라 하였고 '귀신에게 물어서 의심함이 없다' (質諸鬼而無疑)란 대목의 주에는 '귀신이라는 것은 조화의 자취이다' (鬼神者造化之迹)라고 하였음.

13 自然之理: 작위함이 없이 저절로 그렇게 이루어지는 이치.

14 呪文: 지기금지 원위대강(至氣今至 願爲大降) 시천주 조화정 영세불망 만사지(侍天主 造化定 永世不忘 萬事知)의 21자.

15 降靈之法: 신령이 몸에 내리시기를 비는 방법. 곧 주문 가운데, '지기금지 원위대강(至氣今至 願爲大降)'의 7자.

16 不忘之詞: 주문 가운데 '영세불망 만사지(永世不忘 萬事知)'의 7자.

기(靈氣)가 선생님께 강림하다고 하는데, 어떻게 하여 그렇게 되었습니까" 라고 하기에 "그 가면 돌아오지 않음이 없는 이치를 받았다"고 대답하였다.

"그렇다면, 무슨 도로써 이름을 삼으십니까?"

"천도(天道)이다."

"서양의 도와 더불어 다른 것이 없습니까?"

"양학(洋學)[17]은 이와 같은 듯하나 다름이 있다. 하느님께 비는〔呪〕것 같으나 〔양학에는〕 실상이 없다. 그러하되 운수는 한결같으며 도(道)는 한가지이지만 이치는 곧 같은 것이 아니다."

"어찌해서 그러합니까?"

"나의 도는 작위함이 없이 화육(化育)하나니, 그 마음을 가다듬고 그 기운을 바로잡으며, 그 본성에 따르고 하느님의 가르침을 받아서 자연(自然)스러운 가운데서 교화가 나온다. 서양 사람들은 말에 차례가 없고, 글에 흑백(黑白: 논리)이 없으며,〔머리를〕조아림에 하느

이라 하니 何爲其然也이까.

曰 受其无往不復之理也라.

曰 然則 何道以名之이까?

曰 天道也니라.

曰 與洋道로 無異者乎이까?

曰 洋學은 如斯而有異하고 如呪而無實이나 然而 運則一也요 道則同也로대 理則非也니라?

曰何爲其然也이까?

曰 吾道는 无爲而化矣라. 守其心正其氣하고 率其性受其敎하면 化出於自然之中이니라. 西人은 言無次第하고 書無皀白 而

17 洋學: 서양의 학, 곧 천주교.

님을 위하는 단서(端緖)가 없고 다만 스스로 제 몸을 위하는 계책만 빌 뿐이다. 몸에는 기화(氣化)[18]의 신비 체험이 없고, 배움에 하느님의 참된 가르침이 없어서 형체는 있으나, 자취가 없고, 생각하는 것 같으나 주문이 없으니, 도는 허무한 데 가깝고 배움은 하느님을 위한 것이 아니다. 어찌 가히 다름이 없는 것이라고 이르겠는가?"

"같은 도라고 말씀하시니 그것을 서학(西學)이라 이름 지으시렵니까?"

"그렇지 아니하다. 내가 또한 동에서 나서 동에서 받았으니, 도는 비록 천도(天道)이나 학은 곧 동학(東學)이다. 하물며 땅이 동과 서로 나뉘었는데, 서쪽을 어찌 동쪽이라고 이르고, 동쪽을 어찌 서쪽이라고 이르겠는가? 공자는 노(魯)나라에서 태어나 진리를 체득하고 뒤에 추(鄒)나라 사람 맹자가 공자의 도를 이어받아 추로의 학풍이 이 세상에 전하여 끼치었다. 나의 도는 이 땅에서 받아 이

頓無爲天主之端하고 只祝自爲身之謀하여 身無氣化之神하고 學无天主之敎하여 有形無迹하고 如思无呪라. 道近虛無하고 學非天主하니 豈可謂无異者乎아.

曰 同道로 言之則名其西學也이까?

曰 不然하다. 吾亦生於東 受於東하니 道雖天道나 學則東學이라. 況地分東西하니 西何謂東이며 東何謂西리요 孔子는 生於魯風於鄒하사 鄒魯之風이 傳遺於斯世어늘 吾道는 受於斯 布於斯하

18 氣化: 음양의 변화. 음양의 변화는 하느님의 조화로 이루어지는 것인데, 하느님과 사람을 별개로 독립시켜 놓은 천주교에서는 사람의 몸에 음양변화의 신비가 나타남을 인정하지 않으므로 그릇되었다는 뜻.

땅에 베풀 터인데, 어찌 가히 서(西)라는 말로써 일컬어 이름지을 수 있겠는가?"

"주문의 뜻은 무엇입니까?"

"하느님을 지극히 위하는 글인 연고로 주(呪)라고 말하는데, 이제 〔내가 하느님의 분부를 받아 지은〕 글에 주문이 있듯이 예전 고인의 글에도 〔하느님께 비는 주문들이〕 있었다"

"강령(降靈)을 비는 글은 어찌하여 그러합니까?"

"지(至)라는 것은 지극함이다. 지기(至氣)라는 것은 빈 듯 영묘하고 아득해서 간섭하지 아니하는 일이 없고, 분부하지 아니하는 사물이 없으되, 나타나는 것 같으나 형상하기 어렵고, 들릴 듯하지만 볼 수 없으니, 이것이 또한 차별 없이 으뜸가고, 한결같은 기운이다. 금지(今至)라는 것은 이에 도에 들어 그 기운이 접촉함을 아는 것이며 원위(願爲)라는 것은 청하고 비는 뜻이며, 대강(大降)이라는 것은 기화(氣化)를 바람이다.

시(侍)라는 것은 안에 신령이 있고

니 豈可謂以西名之者乎아?

曰 呪文之意는 何也이까?

曰 至爲天主之字故로 以呪言之하니 今文有古文有니라.

曰 降靈之文은 何爲其然也이까?

曰「至」者는 極焉之爲요,「至氣」者는 虛靈하고 蒼蒼하여 無事不涉하고 無事不命이나 然而 如形而難狀하고 如聞而難見하니 是亦渾元之一氣也요,「今至」者는 於斯入道하여 知其氣接者也요,「願爲」者는 請祝之意也요,「大降」者는 氣化之願也라.

「侍」者는 內有神

밖에 기화가 있어서 온 세상 사람들이 각각 옮기지 못할 것[19]을 앎이다. 주(主)란 그 존경함을 이름이니 어버이와 한가지로 섬기는 것이고, 조화(造化)란 작위가 없이 저절로 화육(化育)함이고, 정(定)이란 그 덕에 합치하여 그 마음을〔바르게〕정함이다. 영세(永世)라는 것은 사람의 평생이요, 불망(不忘)이라는 것은 티없이 곱게〔存〕생각한다는 뜻이다. 만사(萬事)라는 것은 수의 많음이요 지(知)라는 것은 그 도를 알아서 그 슬기를 받음이다.

靈하고 外有氣化하여 一世之人이 各知不移者也요, 「主」者는 稱其尊 而與父母로 同事者也요, 「造化」者는 無爲而化也요, 「定」者는 合其德 定其心也요, 「永世」者는 人之平生也요, 「不忘」者는 存想之意也요, 「萬事」者는 數之多也요, 「知」者는 知其道而受其知也라.

그러므로 그 덕을 휘황하게 밝히어 잠시도 잊지 아니하면 우주의 기운과 하나가 되어 매우 성스러운 데 이르게 되는 것이다."

故로 明明其德을 念念不忘 則至化至氣하여 至於至聖이니라.

"하느님의 마음이 곧 사람의 마음이라면 어찌하여 선과 악이 있습니까?"

曰 天心이 卽人心 則何有善惡也이까?

"〔하늘은〕사람에게 귀한 것과 천한 것이 다르도록 분부하였고, 사람에게 괴로운 것과 즐거운 것의 이치를 정해 주셨다.

曰 命其人貴賤之殊하고 定其人苦樂之理하나 然而 君子

19 各知不移: 하느님을 모시고 있다는 사실을 깨달음. 제 안에 있는 옮길 수 없는 것은 바로 하느님의 뜻과 합치되는 마음임을 이해함.

그러하되, 군자의 덕은 기운에 정대함이 있고 마음에 확정됨이 있는 연고로 천지와 함께 하느님의 덕을 따르나, 소인의 덕은 기운이 바르지 못하고 마음에 옮김이 있는 연고로 천지의 기운을 받지 못하고 하느님의 분부를 따르지 못한다. 이것이 융성하고 쇠퇴하는 이치가 아닌가?"

"온 세상 사람이 어찌하여 하느님을 공경하지 아니합니까?"

"죽음에 임하여 하늘을 부름은 보통의 인정(人情)이요, 목숨이 하늘에 달렸고 하늘이 만백성을 내었다는 것은 옛 성인들이 이른 바로서 오히려 지금도 오래도록 남아있는 말이다. 그러하되 그러한 성싶기도 하고 그러한 것이 아닌 듯도 한 사이에서 자세히 알지 못하는 연고이다."

"도를 헐뜯는 사람은 무엇입니까?"

"만일에 그렇다 치고[20], 그럴 수도 있으리라."

"어찌하여 그럴 수 있습니까?"

"우리 도는 이제도 듣지 못하고, 예전에도 듣지 못한 일이며, 이제도 견주

之德은 氣有正而心有定 故로 與天地合其德하고 小人之德은 氣不正而心有移 故로 與天地違其命하니 此非盛衰之理耶아?

曰 一世之人이 何不敬天主也이까?

曰 臨死號天은 人之常情 而命乃在天과 天生萬民은 古之聖人之所謂 而尙今彌留나 然而 似然非然之間에 未知詳然之故也니라.

曰 毁道者는 何也니까?

曰 猶或可也니라.

曰 何以可也니까?

曰 吾道는 今不聞古不聞之事요 今不

20 猶或: 설혹(設或), 설령(設令), 가령(假令).

지 못하고, 예전에도 견주지 못할 법(法)이다. 힘써 닦는 사람은 비인 것 같으나 실상이 있으되, 듣기만 하는 사람은 충실한 것 같으나 헛됨이 있다."	比古不比之法也라, 修者는 如虛而有實하고 聞者는 如實而有虛也니라.
"도를 배반하고 돌아가는 사람은 무엇입니까?"	曰 反道而歸者는 何也이까?
"이러한 사람은 족히 거론할 것이 없다."	曰 斯人者는 不足擧論也니라.
"어찌하여 거론하시지 않습니까?"	曰 胡不擧論也이까?
"무시하지는 말되 해를 입지 않도록 멀리하라."	曰 敬而遠之하라.
"앞서는 무슨 마음이며 뒤에는 무슨 마음이었을까요?"	曰 前何心而後何心也이까?
"풀 위에 바람을 더한 것이다."[21]	曰 草上之風也라.
"그렇다면 어찌해서 (하느님께서는 그러한 사람에게도) 영기(靈氣)를 내리십니까?"	曰 然則 何以降靈也이까?
"〔하느님께서는〕선과 악을 가리지 않으신다."	曰 不擇善惡也니라.
"〔도를 배반하고 돌아가는 사람에게〕 해도 없고 덕도 없습니까?"	曰 無害無德耶이까?
"요임금과 순임금의 시대에는 민중	曰 堯舜之世에는

21 草上之風: 원래는 "草尙之風 必偃"(풀에 바람을 더하면 반드시 눕는다)는 말인데 상(尙 · 더할 加자와 통함)을 상(上 · 이를 到자와 통함)으로 바꾸면 '풀 그것(之)에 바람을 이르게 한다'는 뜻이 됨.

이 다 요·순이 되었으니 곧 세상의 운수요, 세상과 더불어 한가지로 돌아간 것이다. 해로움이 있고 덕됨이 있음은 하느님께 달려있고 나에게 달려있지 아니하다. 일일이 마음에 궁구해보면, 그 몸에 해가 미칠 것인지는 자세히 알지 못하겠다. 그러하나. 이러한 사람이 복을 누리고 산다는 일은 가히 다른 사람들에게 들려줄 만한 것도 아니요, 그대가 물을 바도 아니고 내가 관여할 바도 아니다."

民皆爲堯舜이니 斯世之運이요 與世同歸하나니 有害有德은 在於天主요 不在於我也니라. 一一究心 則害及其身은 未詳知之나 然而 斯人享福은 不可使聞於他人이라 非君之所問야요 非我之所關也라.

아아! 그대들의 도를 물음이 어찌 이렇듯 환히 밝을까? 비록 나의 서투른 글이 정치(精緻)한 뜻과 정대(正大)한 원리에 미치지 못하였으나, 그 사람을 곧게 하고 그 몸을 닦고 그 재주를 기르고 그 마음을 바르게 하는 데는 어찌 둘로 갈라지는〔의혹의〕단서가 있겠는가?

嗚呼噫噫라 諸君之問道 何若是明明也오 雖我拙文이 未及於精義正宗이나 然而 矯其人修其身하고 養其才正其心하니 豈可有岐貳之端乎아?

무릇 천지의 다함없는 운수와 도의 무극(無極)한 이치가 다 이 글에 실리었으니 오직 우리 그대들은 이 글을 공경스레 받아서 성스러운 덕을 기를지어

凡天地无窮之數와 道之無極之理를 皆載此書하니 惟我諸君은 敬受此書하여

다. 비유로 말한다면 〔그대들의 질문은〕 단맛이 조미를 받고 흰 빛이 채색을 받음과 같이 나를 황홀하게 하여, 나는 이제 도를 즐기며, 공경하고 감탄함을 이기지 못하는 연고로 논하여 말하고 논하여 보이는 것이니, 밝게 살피어 현묘(玄妙)한 기틀을 잃지 말라.

以助聖德하라. 於我比之 則悅若甘受和白受采리라. 吾今樂道에 不勝欽歎故로 論而言之하여 諭而示之하니 明而察之하여 不失玄機어다.

수덕문 修德文

위대하고 형통하고 유익하고 견고한 것은 천도의 떳떳함이고 오직 한결같이 중용[1]을 잡는 것은 사람의 일을 살핌이다. 그러한 연고로 나면서 앎은 공자님의 성스러운 바탕이요 배워서 앎은 앞엣 선비들이 서로 전한 길이니, 비록 곤난(困難)을 만난 뒤에 얻으매[2] 소견이 옅고 지식이 엷은 사람이 있더라도, 다 우리 스승[3]의 크나큰 덕에 말미암아 선왕(先王)들이 제정한 옛 예법을 잃지 아니하였다.

元亨利貞은 天道之常이요 惟一執中은 人事之察이라. 故로 生而知之는 夫子之聖質이요 學而知之는 先儒之相傳이라. 雖有困而得之하여 淺見薄識이라도 皆由於吾師之盛德이요 不失於先王之古禮라.

내가 동방(東方)에서 나와 무료(無聊)히 날을 지내며 가문의 이름이나

余는 出自東方하여 無了度日하고 僅

---

1 執中: 지나치거나 모자람이 없이 또는 한쪽으로 치우침이 없이 마땅하고 떳떳한 도리를 잡음.(人心惟危, 道心惟微, 惟精惟一, 允執厥中이라는 『書經』「大禹謨」대목의 傳에 危則難安, 微則難明, 故戒以精一, 信執其中이라 주를 대었음.)

2 困而得之: 곤란을 만난 뒤에야 공부를 하여 얻음.(生而知之者, 上也. 學而知之者, 次也. 困而學之, 又其次也. 困而不學, 民斯爲下矣. —『論語』「季氏」)

3 吾師: 공자를 말함.

겨우 보존하니 가난한 선비를 면하지 못하였다. 선조의 충의(忠義)[4]는 절개가 용산서원(龍山書院)에 남아 있고, 우리 임금님[5]의 성덕(盛德)에 해는 임진(壬辰)과 병자(丙子)가 다시 돌아왔다. 이와 같은 조상의 음덕(陰德)은 흐르는 것 같이 끊임없어서, 아버지[6]께서 세상에 나시매 명성이 온 도(道)를 덮어 사림(士林)에서 한가지로 알지 아니함이 없었다. 덕이 여섯 대를 이었으니 어찌 자손의 남은 경사가 아니겠는가.

슬프다! 글 하는 선비였던 아버지의 평생은 흐르는 봄꿈과 같았으니, 나이 마흔에 이르도록 공교롭게 아시는 것은 울타리 가의 쓰잘 데 없는 물건이고, 마음

保家聲이 未免寒士라. 先祖之忠義는 節有餘於龍山이요 吾王之盛德은 歲復回於壬丙이라. 若是餘蔭이 不絶如流하여 家君이 出世에 名蓋一道하니 無不士林之共知라 德承六世하니 豈非子孫之餘慶가.

噫라 學士之平生은 光陰之春夢이요 年至四十에 工知芭籬之邊物

4 先祖之忠義: 최제우의 7대조인 최진립(崔震立)은 선조 27년(1594)에 무과(武科)에 급제, 1597년 정유재란(丁酉再亂)에 결사대 수백 명으로 서생포(西生浦)에서 적을 격멸하고 권율(權慄)과 함께 도산(島山)에서 대승. 1636년 병자호란에 남한산성이 포위되자 용인(龍仁)의 험천(險川)에서 적과 싸우다 전사함. 1699(숙종 25)년에 경주의 남쪽에 있는 용산 (龍山) 아래에 사당을 세웠고, 뒤에 용산서원(龍山書院)이 됨. (현재 지명은 慶北 月城郡 內南面 伊助里)

5 吾王: 순조(純祖). 임진왜란(1592)이 일어난 후 240년이 지난 1832년과 병자호란(1636)이 일어난 지 180년이 되는 1816년이 다 순조의 재위 중에 돌아왔다는 말. 충성스러운 백성의 힘에 의하여 순조 임금이 다시 임진년과 병자년을 맞이할 수 있었다는 뜻도 됨.

6 家君: 이름은 최옥(崔鋈: 1762-1840), 호는 근암(近庵), 성리학에 통효하여 사림(士林)에 명성이 있었음. 저서에 『근암집』(최동희 역, 창 커뮤니케이션, 2005)이 있음. 근암은 50세에 동생 최규(崔珪)의 아들 제환(濟寏)을 양자로 들였고 63세에 예식을 올리지 않은 한씨에게서 최제우를 낳았음. 최제우는 1843년 열아홉 살에 집을 나와 진리를 찾기 시작했음.

에는 벼슬자리의 큰 길이 없으셨다. 한편으로 산림에 돌아가 묻히고자 하는 뜻의 노래[7]를 지으시고, 한편으로 '이젯 일은 옳고 어젯 일은 잘못이었음을 깨달았다'는 시구[8]를 읊으시며, 대지팡이에 나막신을 끄으심은 황홀하여 처사(도연명)[9]의 몸가짐과 같았고, 산이 높고 물이 긴 것 같은 인품[10]은 바로 선생(엄자릉)의 풍격과 같았다.

이요 心無靑雲之大道라. 一以作歸去來之辭하고 一以詠覺非是之句라. 携節履屐하니 恍若處士之行이요 山高水長하니 莫非先生之風이라.

구미산(龜尾山)[11]의 기묘한 봉우리들과 괴이한 암석들은 월성(月城)[12]과 금오산(金鰲山)[13]의 북쪽에 있고, 용추(龍湫)[14]의 맑은 못과 보배 같은 시내는 옛서울의 마룡곡(馬龍谷)[15] 서쪽에 있다. 동산 가운데 피어

龜尾之奇峰怪石은 月城金鰲之北이요 龍湫之淸潭寶溪는 古都馬龍之西라. 園中桃花

---

7 歸去來之事: 진(晉)나라 도연명(陶淵明)이 팽택(彭澤)의 현령이 되었다가 벼슬살이의 구차함을 꺼려 고향에 돌아와 「귀거래사」를 지었음.
8 覺非是之句: 도연명의 「귀거래사」에 나오는 구절. "각금시이작비"(覺今是而昨非) 즉 어제 벼슬에 있던 일은 잘못이고 이제 고향에 돌아온 일은 옳다는 뜻.
9 處士: 도연명을 가리킴.
10 山高水長: 동한 사람 엄자릉(嚴子陵)은 동강칠리탄(桐江七里灘)에서 낚시질을 하며 살았는데, 옛 친구 광무제(光武帝)가 간의대부(諫議大夫)를 시키자 굳이 거절하여 후인(後人)이 "선생의 풍격은 산이 높고 물이 긴 것과 같다(先生之風 山高水長)"고 했음.
11 龜尾山: 경북 월성군 견곡면(慶北 月城郡 見谷面)에 있는 높이 594미터의 산.
12 月城: 경주시의 동남쪽에 있던 성. 지금은 일부만 남아 있는데 흔히 반월성(半月城)터라고 불림.
13 金鰲山: 경주시 남쪽에 길게 놓여 있는 산인데, 지금은 남산(南山)이라고 함. 가장 높은 봉우리가 468미터.
14 龍湫: 가정리(柯亭里)에 있는 용담폭포(龍潭瀑布)인 듯.
15 馬龍: 월성군 견곡면 가정리에 있는 마룡곡(馬龍谷)을 말하는 듯함.

있는 복숭아꽃은 고기잡이의 배에 알려질까 두려워하고[16], 집 앞의 푸른 물결은 뜻이 강태공(姜太公)의 낚시질[17]에 있다. 정자의 난간이 연못 가까이에 있으니 주렴계(周濂溪)의 뜻[18]에 어긋남이 없고, 정자 이름은 용담(龍潭)이니, 어찌 제갈량(諸葛亮)을 사모하는 마음[19]이 아니겠는가?

세월이 흐르는 듯 빠른 것을 금하기 어려워 어느 날 아버지께서 신선으로 변화하심[20]에 슬피 우니[21] 외로운 내 한 목숨이 나이 열여섯에 이르렀다. 무엇을 알았겠는가? 어린아이와 다름이 없었다. 아버지의 평생 사업이 불 속에 흔

는 恐知漁子之舟요 屋前滄波는 意在太公之釣라. 檻臨池塘하니 無違濂溪之志요 亭號龍潭하니 豈非慕葛之心가?

難禁歲月之如流하여 哀臨一日之化仙하니 孤我一命이 年至二八이라 何以知之리요 無異童子라 先考 平生之事

---

16 恐知漁子之舟: 진시황(秦始皇)의 학정을 피하여 주씨(朱氏)와 진씨(陳氏)가 무릉(武陵)이란 곳에 들어가 살며 시냇가에 복숭아 나무를 많이 심었는데, 한(漢)나라 때 한 어부가 물에 떠내려 오는 복숭아 꽃을 따라 올라가 신선처럼 살고 있는 그들을 만나고 와 사람들에게 들레니, 그들은 이미 알고 복숭아 꽃에 그물을 쳐서 떠내려가지 못하게 하였으므로 그 선경(仙境)을 찾지 못하였다는 고사. (陶淵明의 「도화원기(桃花源記)」)

17 太公之釣: 강태공(姜太公)은 위수(渭水)의 물가에서 낚시질하다 주(周)나라 문왕(文王)을 만나 그의 스승이 되었으며, 그 뒤에 무왕(武王)을 도와 상(商)나라를 치고 천하를 평정하였음.(吾太公望子久矣, 故號之曰 太公望. 戴與俱歸立爲師.–『史記』「齊太公望世家」)

18 濂溪之志: 북송(北宋)의 큰 선비 주돈이(周敦頤 · 1017-1073)는 「태극도설(太極圖說)」과 「통서(通書)」를 지어 성리학의 토대를 확립한 사람으로서, 일찍이 호남성의 염계(濂溪)에 살았는데 뒤에 강서성의 여산 연화봉(廬山 蓮花峯) 아래로 옮기어 그곳에 있는 시내를 다시 염계라고 부르고 인하여 호(號)를 삼았음.

19 慕葛之心: 남양(南陽)에 숨어 살다가 유비(劉備)의 정성에 감동되어 촉한(蜀漢)을 건립한 제갈량을 흔히 엎드린 용(伏龍) 또는 누운 용(臥龍)이라고 하는 데서 용이 엎드려 있는 못이라는 용담(龍潭)과 뜻이 통함.

20 化仙: 신선으로 변화함. 곧 죽는다는 뜻.

21 臨: 여럿이 운다(衆哭)는 뜻.

적 없게 되었으니 자손의 못난 여한(餘恨)은 세상일에 낙심하였다. 어찌 애통하지 아니한가, 어찌 애석하지 아니한가!

業은 無痕於火中하고 子孫不肖之餘恨은 落心於世間하니 豈不痛哉며 豈不惜哉아.

마음에는 살림살이의 염려가 있었으나 어찌 심고 거두는 일을 알겠는가? 글에 공부의 돈독함이 없었으니 뜻은 벼슬하려는 마음을 잃었다. 집안의 살림이 점점 줄어들어, 종말이 어찌 될까 알지 못하겠고 나이가 점점 더해 가매 가히 신세가 장차 어려울 것을 탄식할 만하다. 간난한 팔자를 헤아려 보니 다시 춥고 굶주릴 근심이 있고, 마흔이 다가옴을 생각하니 어찌 이룩하지 못한 데 대한 탄식이 없겠는가? 몸 거둘 곳을 아직 정하지 못하였는데, 누군가, 천지의 넓고 큼을 이른 자가? 일삼는 바가 서로 어긋나니 스스로 한 몸도 감추기 어려움을 가엾어 한다.

心有家庭之業이나 安知稼穡之役이며 書無工課之篤하니 意隊靑雲之志라. 家產이 漸衰하니 未知末梢之如何하고 年光이 漸益하니 可嘆身勢之將拙이라. 料難八字에 又有寒飢之慮요 念來四十하니 豈無不成之嘆가? 巢穴을 未定하니 誰云天地之廣大며 所業이 交違하니 自憐一身之難藏이라.

이때로부터 말미암아 오면서 세상의 어지러운 일을 벗어버리고, 가슴에 얽히고 맺힌 시름을 꾸짖어 제거하였다.

自是由來로 擺脫世間之紛撓하고 責去胸海之弸結이라.

용담의 옛집은 아버지께서 장석(丈席)에[22] 앉으시던 곳이며 동녘 도읍 경주의 새 마을은 오직 나의 고향일 뿐이다. 처자를 거느리고 깃들이던 옛집에 돌아온 날은 기미(己未, 1859)년 시월이요 그 운수를 타고 도를 받은 때는 경신(庚申, 1860)년 사월인데, 이것은 또한 잠자듯 꿈꾸듯 일어난 일이며 형상하기 어려운 말이다.

龍潭古舍는 家嚴之丈席이요 東都新府는 惟我之故鄕이라. 率妻子還捿之日은 己未之十月이요 乘其運道受之節은 庚申之四月이라 是亦夢寐之事요 難狀之言이라.

그 역괘(易卦)의 대정수(大定數)[23]를 살피고 삼대(三代)[24]에 하늘을 공경하던 이치를 살피어 읽으니, 이제야 옛 선비들이 천명(天命)에 순종했음을 비로소 알겠고, 후학(後學)들이 망각한 것을 스스로 탄식하였다.

察其易卦大定之數하고 審誦三代敬天之理하니 於是乎惟知先儒之從命이요 自歎後學之忘却이라.

닦고 익히니 아닌 게 아니라 바로 자연(自然)이었다. 공자님의 도를 깨닫고 보니 한결같은 이치가 정한 바이었으나, 오직 그 나의 도를 논해본다면 〔공자님의 도와〕거의 같고 조금 다르다. 그 의심

修而煉之하니 莫非自然이라. 覺來夫子之道 則一理之所定也요 論其惟我之道 則大同而小異

22 丈席: 학행과 덕행이 높은 사람이 앉는 여러 선비들의 웃자리.

23 大定之數: 점을 칠 때 시초 50개 중 49개를 사용하는데(大衍之數 五十, 其用四十有九—『周易』「繫辭」), 태극은 계산에 넣지 않으므로 49개만을 사용하며, 50을 대정수 또는 대연수라 함.

24 三代: 하(夏)나라, 상(商)나라, 주(周)나라의 시대. 즉 하우씨(夏禹氏)와 성탕(成湯), 문왕(文王)과 무왕(武王)이 다스리던 덕치국가 시대.

스러운 마음을 버리면 사리(事理)의 떳떳함이 드러나고 고금(古今)의 역사를 살펴보면 인사(人事)의 할 바가 나타난다.

덕 베풀 마음을 내지 않고 정성 드릴 길에만 생각을 다하였다. 그렇게 하여 오래 머무르다가 다시 신유(辛酉, 1861)년을 만났으니, 때는 유월이고 계절의 차례는 여름[25]이었다. 어진 벗들이 자리에 가득할 새 먼저 그〔도 닦는〕법을 정하고 나니 어진 선비들이 나에게 묻고 또 덕 베풀기를 권유하였다.

가슴에 불사의 약[26]을 갈무리하였으니 그 모습은 궁자(弓子)와 을자(乙字)를 이은 것[27]이요, 입으로 길이 사는 주문을 외우니 그 글자는 스물 한 자이다. 문을 열어 손을 들이니, 그 수가 그러하고, 자리를 펴고 법(法)을 설명하니, 그 뜻이 그러하다. 어른들이 나아가고 물러남은 마치〔공자의〕삼천 제자가 벌려 선

也라. 去其疑訝 則事理之常然이요 察其古今 則人事之所爲라.

不意布德之心하고 極念致誠之端이라. 然而彌留하여 更逢辛酉하니 時維六月이요 序屬三夏라. 良朋이 滿座에 先定其法하고 賢士問我에 又勸布德이라.

胸藏不死之藥은 弓乙其形이요 口誦長生之呪는 三七其字라. 開門納客하니 其數其然이요 肆筵說法하니 其味其如라. 冠子進退하니 怳若有三千之班이

25 三夏: 여름의 석달.
26 不死之藥: 최제우가 깨달은 도.
27 弓乙: 최제우가 말하는 부적은 종이에 궁자와 을자를 이은 모양의 꾸불꾸불한 꼴의 그림을 그리고, 불에 사르고 남은 재를 물에 타서 마시는 것임. 궁궁을을(弓弓乙乙)은 약(弱)의 파자(破字)이니 굳센 것보다 여린 것을 높이는 사고방식을 보임.

듯하고, 아이들이 손을 모아 절함은 비유컨대 예닐곱 사람의 읊음[28]이 있는 듯하다. 나이가 나보다 높아도, 이 사람이 또한 자공(子貢)의[29] 예절을 행하고, 노래하고 읊으며 춤을 추니 어찌 공자의 춤[30]이 아니겠는가?

요 童子拜拱하니 倚然有六七之詠이라. 年高於我하니 是亦子貢之禮요 歌詠而舞하니 豈非仲尼之蹈아?

인자 · 정의 · 예절 · 지혜는 옛 성인이 가르치신 바이며, 마음을 가다듬고 기운을 바로잡음은 오직 내가 다시 정한 것이다. 한 번 제사드리는 것은〔하느님을〕길이 모시겠다는 무거운 맹세이고 온갖 의혹을 내쳐버리는 것은 참됨을 지키려는 연고이다.

仁義禮智는 先聖之所敎요 修心正氣는 惟我之更定이라. 一番致祭는 永侍之重盟이요 萬惑罷去는 守誠之故也라.

옷과 갓을 바르고 가지런하게 입는 것은 군자의 몸가짐이요, 길에서 먹고 뒷짐진 채 거니는 것은 천한 사내의 일이다.

衣冠整齊는 君子之行이요 路食手後는 賤夫之事라. 道

---

28 六七之詠: 일찍이 증석(曾皙)이 공자에 대하여 제 소원을 말하되 "모춘(暮春)의 날씨가 화창하여 봄 옷이 다 일거든 관자(冠者) 오륙인과 동자(童子) 육칠인을 이끌어 기수(沂水)에 목욕하고, 기우단(祈雨壇)에 소풍하여 시를 읊으면서 돌아올까 하옵니다"하니 공자 이 말을 듣고 탄식하기를 "나는 이제 점야(點也, 증석의 이름)를 허여하노라. 아무리 도가 행하지 않을지라도 이것이야 할 수 있겠지야"했음. (『論語』,「先進」)

29 子貢: 춘추 시대의 위(衛)나라 사람. 성은 단목(端木), 이름은 사(賜). 슬기롭고 부유한 공자의 제자로서 공자의 생활 용처를 담당했음. 공자의 제자 가운데 공자보다 나이가 많은 제자는 없었으니, 가장 연장이었던 유약(有若)이 공자보다 13세 적었음.

30 仲尼之蹈: 공자는 본디 춤추기를 즐겨서 큰 나무 아래에서 제자들을 거느리고 노래하고 시를 읊고 춤을 추며 예(禮)를 익힌 고사도 있고, 죽을 때에도 거문고를 뜯고 춤을 춘 다음에 고종명(考終命)하였다 함. (『孔子家語』)

도를 닦는 사람은 한결같이 네 발 가진 짐승의 나쁜 고기[31]를 먹지 아니한다. 헌칠한 몸에 해로운 바는 또 찬 샘물에 급히 앉는 일이다. 지아비 있는 여자를 가려서 막는 것은 국법이 금한 바이고, 누워서 높은 소리로 주문을 외움은 우리 참된 도에 크게 방자한 일이다. 그리하여 베푸노니 이것이 법이 된다.

아름답도다! 우리 도의 시행됨이여. 붓에 의탁하여 글자를 이루면 남들은 또한 왕희지(王羲之)[32]의 필적인가 의심하고, 입을 열어 운자(韻字)를 부르면, 누가 〔시를 지어낸〕 나무꾼 앞에서 탄복하지 않겠는가? 허물을 뉘우친 이 사람은 욕심이 석숭[33](石崇)의 재물에 미치지 아니하고 정성을 다한 그 아이는 다시 사광[34](師曠)의 총명을 부러워하지 아니한다. 용모가 모습을 바꾸어 짐작건대

家不食은 一四足之惡肉이요 陽身所害는 又寒泉之急坐라. 有夫女之防塞은 國大典之所禁이요 臥高聲之誦呪는 我誠道之太慢이라. 然而肆之하니 是爲之則이라.

美哉라 吾道之行이여! 投筆成字하니 人亦疑王羲之跡이요 開口唱韻하니 孰不服樵夫之前가. 懺咎斯人은 慾不及石氏之貲요 極誠其兒는 更不羨師曠之聰이라. 容貌之幻態는 意

31 四足之惡肉: 상한 짐승의 고기로 마련한 음식.
32 王羲之: 중국 진(晉)나라 때의 명필. 자는 일소(逸少). 해서(楷書)와 초서(草書)를 귀족적인 서체(書體)로 완성함.
33 石崇: 중국 진(晉)나라 때의 부호인데 엄청나게 재물을 모아 그 영화로움은 비길 데가 없었다고 함. 자는 계윤(季倫)
34 師曠: 진(晉)나라 때의 음악가로 미묘한 소리를 잘 분별하여 길흉(吉凶)을 점침. 호는 자야(子野)

신선의 바람이 불어와 임한 듯하고, 오래된 병이 저절로 효험을 보이니, 편작(扁鵲)[35]의 어진 이름을 잊을 만하다.

仙風之吹臨이요 宿病之自效는 忘盧醫之良名이라.

비록 그러하나, 도를 깨달아 이룩함은 참됨에 달려 있고 사람에 달려 있다. 어떤 사람은 흘러 다니는 말을 듣고 닦으며 어떤 사람은 떠도는 주문을 듣고서 왼다. 어찌 잘못이 아니며, 감히 딱하다고 여기지 아니하겠는가? 그런 사람들을 걱정하는 나의 마음은 간절하지 아니한 날이 없다. 찬란히 빛나는 성덕(聖德)에 혹시 그릇됨이 있을까 두렵다. 이것은 또한 낯을 대하지 아니한 때문이며 수가 많은 연고이니, 먼 곳에서 서로 비추어 상응하듯 소식을 주고받지만 또한 보고 싶어서 서로 사모하는 회포를 감당하지 못하겠다. 가까이서 마음을 베풀고자 하되, 남들이 가리키고 쳐다볼 혐의가 반드시 없지는 아니한 연고로 이 글을 지어 펴서 보이노니 어진 우리 그대들은 삼가 나의 말을 청종(聽從)하라.

雖然이나 道成德立은 在誠在人이니 或聞流言而修之하고 或聞流呪而誦焉하니 豈不非哉며 敢不憫然가. 憧憧我思는 靡日不切이요 彬彬聖德은 或恐有誤라. 是亦不面之致也요 多數之故也라. 遠方照應而亦不堪相思之懷하고 近欲叙情而必不無指目之嫌이라. 故로 作此章하여 布以示之하니 賢我諸君은 愼聽吾言하라.

무릇, 이 도는 마음의 믿음으로 참됨

大抵此道는 心信

35 盧醫: 옛날 중국 전국시대의 명의 편작(扁鵲)이 한때 제(齊)나라의 노(盧)현에 살았으므로 일컬은 말.

을 삼는다. 믿음(信)을 풀어 바꾸면 사람(人)으로서 말하는 것(言)이 된다. 말 가운데에는 가하다거니 가하지 아니하다거니 하는 것들이 있다. 가한 것을 취하고 가하지 아니한 것을 물리치며 거듭 생각하여 마음으로 결정하라. 정하곤 다른 뒷말을 믿지 않는 것을 믿음이라 한다. 이와 같이 닦는다면 즉시 그 참됨을 이룰 터인즉, 참됨과 믿음이여, 그것들은 곧 서로 멀지 아니하도다. 사람의 말로써 이룩되는 것이니 믿음(信)을 먼저하고 참됨(誠)을 뒤에 하라. 내가 이제 명백하게 일러주는 것이 어찌 믿음성 있는 말이 아니겠는가. 공경스럽게 하고 정성스럽게 하여 가르치는 말을 어기지 말진저!

爲誠이니 以信爲誠하면 人而言之니 言之其中에 曰可曰否를 取可退否하여 再思心定하라. 定之後言 不信曰信이니 如斯修之라야 乃成其誠이라. 誠與信兮여 其則不遠이라. 人言以成하니 先信後誠하라. 吾今明諭하니 豈非信言가? 敬以誠之하여 無違訓辭여다.

불연기연 不然其然

노래에 가로되, 천고(千古)의 만물이여, 각각 이룩됨이 있고 각각 나타남이 있도다. 보는 바로써 의논한다면 그러하면서 그러할 듯하되 좇아온 바로써 헤아린다면 매우 멀고 심히 멀어서 이 또한 아득한 일이고 추측하기 어려운 말이다. 내가 나를 생각하면, 어버이께서 여기에 계시고, 뒤로 후일(後日)을 생각하면 자손이 저기에 있다. 오는 세상으로써 견주어도 내가 나를 생각하는 것과 이치에 다름이 없으나, 지나간 세상으로써 살펴본다면 미혹되어 〔애초에 처음으로〕 사람이 사람된 것을 분변하기 어렵다.

아아, 이와 같이 헤아림이여! 그러함을 말미암아 보면 그러한 것이 그러할 듯하고, 그러하지 아니함을 찾아서 생

歌에 曰 而千古之萬物兮여 各有成各有形이로다. 所見而論之 則其然而似然이요 所自以度之 則其遠而甚遠이라. 是亦杳然之事요 難測之言이로다. 我思我則父母在玆하고 後思後 則子孫이 存彼라. 來世而比之 則理無異於我思我요, 去世而尋之 則惑難分於人爲人이라.

噫라 如斯之忖度兮여 由其然而看之則其然如其然이요,

각하면 그러하지 아니하고 또 그러하지 아니하다.

探不然而思之 則不然于不然이라.

태곳적 천황씨(天皇氏)[1]는 어떠한 사람인가? 어떻게 사람이 되었으며, 어떻게 임금이 되었는가? 이 사람의 뿌리 없음[2]이여, 어찌 그렇지 아니하다고 이르지 않겠는가? 세상의 누구라도 어버이 없는 사람이 있을 수 있겠는가? 그 선조를 상고해본다면〔모두가〕그러하고 그러하고 또 그러하기 때문이다.

何者오 太古兮여 天皇氏는 豈爲人豈爲王고 斯人之無根兮여 胡不曰不然也오. 世間에 孰能無父母之人이리오마는 考其先 則其然其然 又其然之故也라.

그러하되, 세상을 위하여〔하늘이〕그를 임금삼고[3] 스승삼았다 하나, 임금된 자는 법으로써 성취하고 스승된 자는 예(禮)로써 가르치는 것인데, 그 임금에게 위(位)를 전해준 임금이 없었으니 법의 강령을 누구에게서 받았으며 그 스승에게는 가르침을 받은 스승이 없었으니 예의를 어디에서 본받았을까? 아지 못게라, 아지 못게라. 나면서

然而 爲世하여 作之君作之師하니, 君者는 以法造之하고 師者는 以禮敎之하나니, 君無傳位之君이언마는 而法綱을 何受며, 師無受訓之師이언마는 而禮義를 安効오, 不知也不知也케라 生以知之

---

1 天皇氏: 중국 전설에 나오는 맨 처음 천자 이름, 삼황 가운데 첫 임금.(一說三皇 謂天皇地皇人皇爲三皇. 旣是開闢之初, 君臣之始. 圖緯所載, 不可全棄, 故兼序之. 天地初立有天皇氏, 十二頭.–『史記』「三皇本紀」)

2 無根: 최초의 인간이므로 부모가 없음.

3 作之君: 여기서 지(之)는 대명사로서 천황씨(天皇氏)를 가리킴.

알아서 그러한가? 작위 없이 화육(化育)되어 그러한가? 나면서 알았다고 말해 보아도 마음은 깊은 어두움 속에 있고, 저절로 화육되었다고 말해 보아도 이치는 아득한 사이에 멀다.

무릇 이와 같은즉, 그러하지 아니함을 알지 못하는 연고로 그러하지 아니하다고 말하지 못하며, 〔다만〕 이에 그러함을 아는 연고로 곧 그러한 것을 〔그렇다고〕 믿는 것이다.

그 말단을 헤아리고 근본을 궁구해 보면, 사물이 사물되고 이치가 이치되는 큰 일이 자못 심원하구나! 하물며 또 이 세상 사람들이여 어찌하여 알지 못하는가, 어찌하여 알지 못하는가? 운수가 정해진 지 얼마가 지나면, 운수가 스스로 와서 회복되는 것을!〔그러하나〕고금에 변하지 아니하는데[4], 어찌 운수라고 이르고 회복이라고 이르는고? 만물이 분명하지 않으니, 헤아려서 밝히고 기록하여 거울

而然耶아? 無爲化也而然耶아? 以知而言之라도 心在於暗暗之中이요 以化而言之라도 理遠於茫茫之間이로다.

夫如是 則不知不然故로 不曰不然이요 乃知其然故로 乃恃其然者也라.

於是 而揣其末究其本 則物爲物理爲理之大業이 幾遠矣哉인저. 況又斯世之人兮여 胡無知胡無知아. 數定之幾年兮여 運自來而復之로다. 古今之不變兮여 豈謂運豈謂復고. 於萬物之不然兮여 數之而明之하고 記之而鑑之

4 古今之不變: 운수는 가서 회복되지 않음이 없으니(無往不復), 변화라고 쉽사리 말하기 어려움. 즉 변화한다는 사실 자체는 변화하지 않는다는 뜻.

삼으려 하는 것이다.

네 철에 차례가 있는 것은, 어찌하여 그러하고 어찌하여 그러한고! 산 위에 물이 있으니, 그럴 수 있는 것인가. 그럴 수 있는 것인가. 어린아이가 어리석어서, 말하지 못해도 그 어버이를 아는도다. 어찌 알지 못하겠는가. 어찌 알지 못하겠는가? 이 세상 사람들이여 어찌 알지 못하는가? 성인(聖人)께서 태어나시면, 천년에 한번 황하(黃河)가 맑아지네! 운수가 저절로 와서 회복되는 것인가? 물이 스스로 알고 변화하는 것인가? 밭가는 소가 〔농부의〕 말귀를 알아들으니, 마음이 있는 듯하고 알음알이가 있는 듯하다. 힘으로써 면할 수 있는데, 어찌하여 노고(勞苦)하고 어찌하여 죽는가? 새끼 까마귀가 어미에게 먹을 것을 물어다 주니, 저도 또한 그 효도와 우애를 아는구나! 제비는 주인을 알아서, 가난해도 또한 돌아오고, 가난해도 또한 돌아오는구나!

이러한 연고로, 반드시 그렇다고 하기 어려운 것은 그러하지 아니한 것이

하노라.

四時之有序兮여 胡爲然胡爲然고. 山上之有水兮여 其可然其可然가 赤子之穉穉兮여 不言知夫父母로다. 胡無知胡無知오 斯世人兮여 胡無知오 聖人之以生兮여 河一淸千年이로다. 運自來而復歟아? 水自知而變歟아. 耕牛之聞言兮여 如有心如有知로다. 以力之足爲兮여 何以苦何以死오 烏子之反哺兮여 彼亦知夫孝悌로다. 玄鳥之知主兮여 貧亦歸貧亦歸로다.

是故로 難必者는 不然이요 易斷者는

고 단정하기 쉬운 것은 그러한 것이다. 그 먼 것을 궁구하는 데 미치면, 그렇지 아니하고 그렇지 아니하며 또 그렇지 아니한 일이 되나, 하느님께 맡기면 그러하고 그러하며 또 그러한 이치가 되는 것이다.

其然이라. 比之於究其遠 則不然不然 又不然之事요 付之於造物者 則其然其然 又其然之理哉인저.

『동경대전』의 문장 구조

『동경대전』에 나타나는 문장의 전체에 대하여 낱낱이 그 문법적 특성을 기술하는 일은 『동경대전』의 의미 해석에 들어가기에 앞서서 반드시 수행해야 될 과제이다. 여기서는 우선 『동경대전』을 읽는 데 도움이 되도록 그 문장들 가운데서 대충 실례를 취하여, 문법 사항의 몇 가지를 추려 보려고 한다.

1.1. 한문을 읽을 때에 제일 먼저 마음에 두어야 할 내용은 주부와 술부, 그리고 주어와 술어를 분간해 내는 일이다.

> 一世之人 各自爲心.
> (온 세상 사람들이 각각 스스로 딴 마음을 먹는다.)

'一世之人'은 주부이고 '各自爲心'은 술부이며, 다시 '人'은 주어이고, '爲'는 술어이다.

한문에는 주어와 술어 이외에 빈어(賓語)와 수식어가 있다. 빈어는 술어의 대상이 되는 말인데, 그 안에 목적어(중국에서는 受事라 한다)와 보어와 객어(客語)의 세 가지가 포함된다. 목적어는 우리말로 옮기면 '를'이라는 토가 붙게 되는 말이고, 보어는 술어의 불충분한 의미를 보충하여 주는 말이고, 객어는 명사 구절이 부사처럼 직능하는 말이다. 그러나, 한문의 경우에는 이것들을 하나로 모아 빈어라고 부르는 것이 편리하다.

汝不知上帝耶?
(너는 하느님을 알지 못하는가?)
天爲五行之綱.
(하늘은 오행의 벼리가 된다.)
道近虛無.
(기독교의 도는 허무한 데 가깝다.)
年高於我.
(나이가 나보다 높다.)

'上帝'가 '知'의 목적어이고, '綱'이 '爲'의 보어이고, '虛無'와 '於我'는 객어이다.

수식어에는 주어를 수식하는 말과 술어를 수식하는 말이 있으니, '一世之人 各自爲心'에서'一世之'와 '各自'가 수식어이다.

1.2. 문장이 될 만한 조건을 지니면서 문장의 한 부분에 머무는 경우에, 그것을 절이라고 한다.

檻臨池塘, 無違濂溪之志.
(정자의 난간이 연못 가까이 있으니, 주렴계의 뜻에 어긋남이 없다.)

先祖之忠義 節有餘於龍山.

(선조의 충의는 절개가 용산서원에 남아 있다.)

惑難分於人爲人.

(미혹되어 사람이 사람된 것을 분별하기 어렵다.)

理爲理之大業 幾遠矣哉!

(이치가 이치되는 큰 일이 자못 멀구나!)

"檻臨池塘, 節有餘於龍山, 人爲人, 理爲理"만으로도 문장이 될 만하나, 그것이 문장의 일부가 되어, 주어절 · 술어절 · 빈어절 · 수식절의 직능을 한다.

1.3. 한문 문장의 기본형에는 "무엇이 어찌한다" "무엇이 어떠하다" "무엇이 무엇이다"의 세 가지가 있다.

師者以禮敎之.

(스승된 자는 예로써 가르친다.)

心常悚然.

(마음이 늘 송구스럽다.)

鬼神者吾也.

(귀신이라는 것이 나이다.)

술어 다음에 하나의 빈어가 오거나, 두 개의 빈어가 나타나거나 하는데, 특히 빈어가 둘일 경우에는 목적어가 먼저 나오고 그 뒤에 객어가 따른다.

余僅保家聲.

(내가 가문의 이름을 겨우 보존한다.)

吾亦生於東.

(내가 또한 동쪽에서 태어났다.)

世人謂我上帝.

(세상 사람들은 나를 하느님이라고 일컫는다.)

布德天下.

(덕을 천하에 펴라.)

그런데, 표현상 또는 관습상의 이유로 술어가 주어의 앞에 오거나 또는 빈어가 술어의 앞에 오기도 한다.

弓乙其形.

(그 모습은 궁자와 을자를 이은 것과 같다.)

外有接靈之氣.

(밖으로 신령의 기운과 접촉함이 있다.)

難禁歲月之如流.

(세월이 흐르는 듯 빠른 것을 금하기 어렵다.)

美哉, 吾道之行!

(아름답도다! 우리 도의 시행됨이여.)

'弓乙'과 '有'와 '難'과 '美'는 술어인데, 주어의 앞에 나와 있다. '無, 有, 多, 小(鮮), 難, 易'등의 술어에 이러한 경우가 많다.

人何知之?

(사람이 어찌 이것을 알겠는가?)

及汝無窮無窮之道.

(너에게 무궁하고 무궁한 도를 미치어 주겠다.)

빈어인 '何'가 술어인 '知'의 앞에 있고, 객어인 '汝'가 목적어인 '道'보다 앞에 있다.

1.4. 문장의 지루함을 꺼려, 그 한 부분을 생략하는 수가 있다.

天下盡滅, (我國)亦不無脣亡之歎.

(중국 천하가 다 멸망하게 되면 우리나라에도 또한 입술이 없어서 이가 시린 한탄이 없지 아니할 것이다.)

(處士)携笻履屐.

(처사는 대 지팡이를 잡고 나막신을 신는다.)

1.5. 문장에는 단순 문장, 이중 문장, 복합 문장, 혼합 문장의 종류가 있다. 다음에 차례로 예를 들어둔다.

天心卽人心.

(하느님의 마음이 곧 사람의 마음이다.)

開門納客.

(문을 열어 손을 들인다.)

天生萬民 古之聖人之所謂.

(하늘이 만백성을 내었다는 것은 옛 성인들이 이른 바이다.)

君子之德 氣有正而心有定.

(군자의 덕은 기운에 정대함이 있고 마음에 확정됨이 있다.)

2.0. 부정의 표현에는 '不, 無, 非, 未, 莫, 勿, 否' 등의 낱말을 사용한다.

吾道今不比古不比之法也.

(우리 도는 이제도 견주지 못하고 예전에도 견주지 못할 법이다.)

民無四時之安.

(민중에게 네 철의 편안함이 없다.)

德承六世 豈非子孫之餘慶?

(덕이 여섯 대를 이었으니 어찌 자손의 남은 경사가 아니겠는가?)

家産漸衰 未知末梢之如何.

(집안의 살림이 점점 줄어들어 종말이 어찌 될까 알지 못하겠다.)

天下紛亂 莫知所向之地.

(천하가 어지러워 내가 지향할 곳을 알지 못하였다.)

勿懼勿恐! 〔毋懼毋恐!〕.

(무서워 하지 말고 두려워 하지 말라.)

言之其中, 曰可曰否, 取可退否.

(말 가운데에는 가하다거니 가하지 아니하다거니 하는 것들이 있으니, 가한 것을 취하고 가하지 아니한 것을 물리치라.)

이중의 부정은 긍정의 뜻이다.

近欲敍情 而必不無指目之嫌.

(가까이서 마음을 베풀고자 하되, 남들이 가리키고 쳐다볼 혐의가 반드시 없지는 아니하다.)

3.1. 『동경대전』에 쓰이는 의문사에는 '誰, 孰, 何, 豈, 安, 胡'의 여섯 가지가 있다.

誰云天地之廣大?

(누가 천지가 넓고 크다고 말하였는가?)

孰不服樵夫之前?

(누가 나무꾼 앞에서 탄복하지 않겠는가?)

君無傳位之君而法綱何受?

(그 임금에게 위를 전해 준 임금이 없었으니 법의 강령을 누구에게서 받았을까?)

豈可有岐貳之端乎?

(어찌 둘로 갈라지는 의혹의 단서가 있겠는가?)

師無受訓之師 而禮義安效?

(그 스승에게는 가르침을 받은 스승이 없었으니 예의를 어디에서 본받았을까?)

胡不擧論也?

(어찌하여 거론하시지 않습니까?)

'如何'는 가부를 의논하는 것이고, '何如'는 물어보는 방법이다.

家産漸衰 未知末梢之如何.

(집안의 살림이 점점 줄어들어 종말이 어찌 될까 알지 못하겠다.)

3.2. 의문종결사에는 '乎, 歟, 耶, 哉'등이 보인다.

與洋道無異者乎?

(서양의 도와 더불어 다른 것이 없습니까?)

運自來而復歟? 水自知而變歟?

(운수가 저절로 와서 회복되는 것인가? 물이 스스로 알고 변화하는 것인가?)

汝不知上帝耶?

(너는 하느님을 알지 못하는가?)

豈不欽歎哉?

(어찌 흠모하고 감탄하지 않겠는가?)

'哉'에는 감탄적인 의미가 포함된다.

付之於造物者 則其然其然又其然之理哉!
(하느님께 맡기면 그러하고 그러하며 또 그러한 이치가 되는 것이다.)

4.1. '而'는 두 개의 동사적인 말을 이어주는데, 그 두 가지는 유사한 의미일 수도 있고, 반대적인 의미일 수도 있다.

西洋戰勝功取 而天下盡滅 .
(서양이 싸우면 이기고 공격하면 취하니 천하가 다 멸망하게 되었다.)
地理者如廣大而有方者也.
(지리라는 것은 넓고 크기만 한 성싶으나 방위가 있는 것이다.)
遠方照應 而亦不堪相思之懷.
(먼 곳에서 소식을 전하며 서로 비추어 상응하되 또한 보고 싶어 하며 서로 사모하는 회포를 감당하지 못하겠다.)

명사적인 말과 동사적인 말 사이에 있는 而는 '이면서', '으로서'의 뜻이 된다.

以信爲誠 人而言之.
(믿음으로써 참됨을 삼으니, 사람으로서 말하는 것이다.)

去世而尋之 則惑難分於人爲人.

(지나간 세상으로서 살펴본다면 미혹되어 사람이 처음으로 사람된 것을 분변하기 어렵다.)

4.2. 以도 두 개의 동사적인 말을 이어주는데, 앞의 말에 대하여 뒷말은 목적 또는 결과의 관계를 표시한다.

成出文卷 以定天道之常然.

(글과 책으로 이루어 내어 천도의 떳떳함을 규정하였다.)

地有八方 以應八卦.

(땅에는 8방이 있어 8괘와 상응한다.)

敬受此書 以助聖德.

(이 글을 공경스레 받아서 성스러운 덕을 기르라.)

4.3. '則'은 '면'의 뜻을 지니고 있다.

覺來夫子之道 則一理之所定也.

(공자의 도를 깨닫고 보니 한결같은 이치가 정한 바이었다.)

修而度之 則亦不無自然之理.

(닦고 헤아려 보니 또한 자연의 이치가 없지 아니하였다.)

天心卽人心 則何有善惡也?

(하느님의 마음이 곧 사람의 마음이라면 어찌하여 선과 악이 있습니까?)

明明其德 念念不忘 則至化至氣 至於至聖.

(그 덕을 휘황하게 밝히어 잠시도 잊지 아니하면 지극한 기운을 잘 길러서 매우 성스러운 데 이르게 된다.)

명사적인 말의 뒤에 붙어서 '벌써' '본래'라는 뜻이 되기도 한다.

道雖天道 學則東學.

(도는 비록 천도이나 학은 곧 동학이다.)

병렬 구절에 사용되어 대비를 나타내기도 한다.

入則心非 出則巷議.

(안에 들어서는 마음으로 그르다고 여기고 밖에 나가서는 마을에서 헐뜯어 의논한다.)

道則天道 德則天德.

(도는 하늘의 도리이고 덕은 하느님의 덕이다.)

4..4. '然而'은'그러면서도', '然則'은 '그러면', '雖然'은 '그러나'이다.

至氣者, 無事不涉, 無事不命. 然而, 如形而難狀, 如聞而難見.

(지극한 기운이란 것은 간섭하지 아니하는 일이 없고 분부하지 아니하는 사물이 없으되, 나타나는 것 같으나 형상하기 어렵고, 들릴 듯하지만 볼 수 없다.)

然則何以降靈也?

(그렇다면 어찌해서 하느님께서는 그러한 사람에게도 영기를 내리십니까?)

雖然道成德立在誠在人.

(비록 그러하나 도가 이룩되고 덕이 확립되는 것은 참됨에 달려 있고 사람에 달려 있다.)

5.1. 전치사 노릇도 하고 후치사 노릇도 하는 개사(介詞)의 대표적인 낱말은 '於'와 '乎'인데 , 대개 장소를 가리킨다.

吾亦生於東受於東, 道雖天道 學則東學.

(내가 또한 동에서 나서 동에서 받았으니, 도는 비록 천도이나 학은 곧 동학이다.)

有怪違之說 崩騰又世間.

(야릇하고 어긋난 풍설이 세상에 들끓음이 있었다.)

이 말들이 비교에도 사용된다.

年高於我 是亦子貢之禮.

(나이가 나보다 높아도, 이 사람이 또한 자공의 예절을 행한다.)

5.2. '以'는 도구의 뜻이다.

豈可謂以西名之者乎.

(어찌 가히 서쪽이라는 말로써 일컬어 이름지을 수 있겠는가?)

人言以成 先信後誠.

(사람의 말로써 이룩되는 것이니 믿음을 먼저 하고 참됨을 뒤에 하라.)

'以'가 이유를 나타내기도 한다.

何以可也.

(어찌하여 그럴 수 있습니까?)

5.3. '之'는 '의'라는 뜻이다.

臨死號天 人之常情.

(죽음에 임하여 하늘을 부름은 보통의 인정이다.)

'之'가 구절의 독립성을 취소시키는, 일종의 기호 구실을 할 때도 있다.

宿病之自效, 忘盧醫之良名.

(오래된 병이 저절로 효험을 보이니, 제나라 노현의 의사 편작의 어진 이름을 잊는다.)

以力之足爲兮, 何以苦, 何以死.?

(힘으로써 면할 수 있는데, 어찌하여 노고하고 어지하여 죽는가?)

'宿病自效'와 '以力足爲兮'만으로도 문장으로 독립할 수 있으나 '之'가 들어가 그 독립성을 취소시키고, 다음 구절에 이어짐을 표시하는 것이다.

6.1. 일인칭으로는 '吾 · 我 · 余', 이인칭으로는 '汝', 삼인칭으로는 '其 · 之'가 『동경대전』에 사용되고 있다.

吾亦悚然.

(나도 또한 옹송그린다.)

受我此符, 濟人疾病.

(나의 이 부험을 받아 사람들을 병드는 데서 건져내라.)

余出自東方.

(내가 동방에서 나왔다.)

吾心卽汝心也.

(내 마음이 곧 네 마음이다.)

守其心, 正其氣, 率其性, 受其敎.

(그 마음을 가다듬고, 그 기운을 바로잡으며, 그 본성에 따르고, 하느님의 가르침을 받는다.)

或聞流言而修之.

(어떠 사람은 흘러 다니는 말을 듣고 닦는다.)

'其'가 삼인칭이라기보다 '일정한'이란 뜻으로 쓰이기도 한다.

制其文敎人, 定其法布德.

(글을 지어 남들을 가르치고, 법을 정하여 덕을 베풀라.)

開門納客 其數其然.

(문을 열어 손을 들이니, 그 수가 그러하다.)

6.2. 근칭으로는 '是 · 此 · 斯 · 玆', 원칭으로는 '彼'가 『동경대전』에 사용된다.

是亦渾元之一氣也.

(이것이 또한 차별 없이 으뜸가고 한결같은 기운이다.)

此非知天時而受天命耶?

(이것은 하늘이 정한 때를 알며 하늘이 내린 분부를 받은 것이 아닌가?)

吾道受於斯布於斯.

(나의 도는 이 땅에서 받아 이 땅에 베풀 것이다.)

我思我 則父母在玆.

(내가 나를 생각하면 어버이께서 여기에 계신다.)

後思後 則子孫存彼.

(뒤로 후일을 생각하면 자손이 저기에 있다.)

6.3. '然'이 '그러한' '그렇게'란 뜻으로, '或'이 많은 사람 가운데 '어떤 사람'의 뜻으로 '所'가 '하는 바의 물건 또는 사람'이란 의미로 지시어 노릇을 할 때도 있다.

難必者不然 易斷者其然.

(반드시 그렇다고 하기 어려운 것은 그러하지 아니한 것이고 단정하기 쉬운 것은 그러한 것이다.)

或聞流呪而誦焉.

(어떤 사람은 떠도는 주문을 듣고서 외운다.)

心常悚然 莫知所向矣.

(마음이 늘 송구스러워 지향할 바를 알지 못하였다.)

'所見'은 보는 대상이고, '見者'는 보는 사람이다.

所見而論之 則其然而似然.

(보는 바로서 의논한다면 그러하면서 그러할 듯하다.)

다음과 같이 '所'가 특수한 의미를 지니기도 한다.

察其所然.

(그 원인을 살펴본다.)

所自而度之 則其遠而甚遠.

(좇아온 바로서 헤아린다면 매우 멀고 심히 멀다.)

'所然'은 이유이고 '所自'는 유래이다.

7.1. 서술문의 끝에는 대게 '矣'나 '也'나 '焉'이 나타난다.

愚夫愚民 未知雨露之澤, 知其無爲而化矣.
(어리석은 민중은 비와 이슬을 내려 주시는 은택을 모르고 그것이 작위 없이 저절로 되는 줄 알고 있다.)
吾心卽汝心也.
(내 마음이 곧 네 마음이다.)
或聞流呪而誦焉.
(어떤 사람은 떠도는 주문을 듣고서 외운다.)

焉에는 於斯(이에, 이보다)라는 뜻이 포함되는 경우가 자주 있다.

7.2. 한문에는 간혹 뜻없는 글자가 개입될 때가 있다.

昭然于天下也.
(온 세상에 환히 나타난다.)
肆筵說法 其味其如.
(자리를 펴고 법을 베푸니 그 맛이 그러하다.)
覺來夫子之道 則一理之所定也.

(공자님의 도를 깨닫고 보니 한결같은 이치가 정한 바이었다.)

於我比之 則悅若甘受和白受采.

(나에 있어서 견주어 본다면, 단 맛이 조미를 받고 흰 빛이 채색을 받음과 같이 황홀하다.)

夫天道者 如無形而有迹.

(무릇 천도라는 것은 모습이 없는 성싶으나 자취가 있다.)

而千古之萬物兮!

(천고의 만물이여!)

'然 · 如 · 來 · 悅 · 夫 · 而'는 뜻 없는 글자이다. 이 가운데 '悅'과 '夫'는 고유의 의미를 지니고 사용되기도 한다.

7.3. 한문에서는 어떤 글자가 그것이 평상적으로 지니는 의미와 다르게 사용되는 경우를 간혹 보게 된다. 동사가 부사로 쓰이는 것은 매우 흔하고, 명사가 동사나 부사로 쓰이거나, 명사나 동사가 의도를 나타내는 수도 있다.

吾今明諭.

(내가 이제 명백하게 일러주겠다 : 明은 '밝다'가 아니라 '밝게'.)

歌詠而舞, 豈非仲尼之蹈.

(노래하고 읊으며 춤을 추니 어찌 공자의 춤이 아니겠는가? : 歌詠而는 '노래하고 읊고' 가 아니라 '노래하고 읊으며'.)

路食手後 賤夫之事.

(길에서 먹고 뒷짐진 채 거니는 것은 천한 사내가 하는 짓이다 : 後는 '뒤'가 아니라 '뒤로 한다'.)

取可退否, 再思心定.

(가한 것을 취하고 가하지 아니한 것을 물리치며 거듭 생각하여 마음으로 결정하라 : 心은 '마음'이 아니라 '마음으로'.)

入則心非.

(안에 들어서는 마음으로 그르다고 여긴다 : 非는 '아니다'에서 '잘못이라고 여기다'라는 뜻으로 바뀌어 의도가 포함됨.)

修其身, 正其心.

(그 몸을 닦고 그 마음을 바르게 한다 : 正은 '바르다'가 아니라 '바르게 하다'.)

先考平生之事業 無痕於火中.

(아버지의 평생 사업이 불속에 흔적 없게 되었다 : 無는 '없다'가 아니라 '없어지다'.)

이하 『동경대전』의 영인은 세로 쓰기에 맞춰 책의 뒤표지로부터 시작하도록 앞의 가로쓰기와 반대 방향으로 편집되어 있음.[편집자 주]

癸未仲夏
慶州開刊

東經大全終

接主 黃在民

金善玉

全時鳳

有司 安敎善

尹相五

力大成剞劂之功玆豈非慕　先生之　教而遂弟

子之願哉特以三人別錄于篇左

歲在癸未仲夏道主月城崔時亭謹誌

道主　崔時亭

成賡鏞

尹相鎬

李萬基

於戲 先生布德當世恐其聖德之有誤及于癸亥
親與時亨常有鋟梓之 教有志未就越明年甲子
不幸之後處沉道微迨將二十餘年之久矣而極念
前日之 教命謹與同志發論詢約數年前自東峽
與木川雖是齋誠刋出實無慶州之判刻爲名此亦
似欠於道內而惟我慶州本 先生受道之地布德
之所則似不可不以慶州刋出爲名故自湖西公州
接內發論設施與嶺南東峽并力刋出以著无極之
經編而謹與二三同志不顧世嫌掃萬除百誓同極

先生布德之初以牛羊猪肉通用矣至於癸亥八月
先生顧予傳道之日此道兼儒佛僊三道之　教故
不用肉種事

布德式 入有願入者則先入者傳道之時正衣冠
禮以授之事
入道式 入道之時或向東或向北設 位致誠行
祀焚香四拜後以初入呪文敬以受之事
致祭式 入道後致祭節次設 位四拜後讀祝而
卽誦 降靈呪及本呪文事
祭需式 設其醴酒餠麪魚物果種脯藿菜蔬香燭
用之而以肉種論之雉則例用猪則或用祭需之
多小隨其力行之也

不堪吾事雖有百結之憂人亦忘人事若此不已則
末由不知何境故不日發程豈非惆然之事耶當此
潦雨之節揚風灑雨草長衣添不足惜也竟顧良朋
之懸望恒在不已之中故玆以數行書慰以諭之以
此恕諒如何歸期似在初冬勿爲苦俟極爲修道以
待良時好面千萬企望

心之故耶當初不善處卞之故耶各處諸盆或有事而來或無事而從聞風而來者半學論而處者半客亦自知其一主會不知其數此將奈何如許窮山貧谷饗賓之道都不過一二三家而已宅若處多則其或不然而產若饒居則窟中有樂然而況此若然之中老人以詩而心動少年以禮而強挽何者以詩心動都非心動學勸拱扶之心也以禮強挽不當強挽難忍謀忠之誼也主入孰能無子貢之心從客亦誤知孟嘗之禮豈不歎哉豈不惜哉雖有裴度之資吾

通諭

壹旡通諭之事而二有不然之端故三有不得已之行四有不忍情之書千萬深量無晝中一失施行如何前歲仲冬之行本非遊江上之清風與山間之明月察其世道之乖常惟其指目之嫌修其旡極之大道惜其布德之心歲換月踰幾至五朔入境之初意只在此山客不知雲深之處童應指採藥之行一以助工課之懈弛一以聞家事之否安心有消遣之意此日之光景露蹤於三岐遯名於一世人心不知我

棄道更無受辱之弊故玆明數行書布以示之千萬

幸甚

通文

右文為通諭事當初教人之意病人勿藥自效小兒
得筆輔聡化善其中豈非世美之事耶已過數年吾
無禍生之疑不意受辱於治賊之下者此何厄也是
所謂難禁者惡言不施者善行若此不已則無根說
話去益搆揑末流之禍不知至於何境況此若是善
道同歸於西夷之學功非羞耻之事耶何以叅禮義
之鄉何以叅吾家之業乎自此以後雖親戚之病勿
為教人而曾者傳道之人窮査極覓逼于此意盡為

流高吟

高峯屹立羣山統率之像流水不息百川都會之意明月虧滿如節夫之分合黑雲騰空似軍伍之嚴威地納糞土五穀之有餘入修道德百用之不紆

偶吟

風過雨過枝風雨霜雪來風雨霜雪過去後一樹花發萬世春

烟鎖池塘柳燈增海棹鉤
燈明水上無嫌隙桂似枯形力有餘

筆法

修而成於筆法其理在於一心象吾國之木局數不
失於三絶生於斯得於斯故以爲先東方變人心之
不同無裡表於作制安心正氣始畫萬法在於一點
前期柔於筆毫磨墨數斗可也擇紙厚而成字法有
違於大小先始威而主正形如泰山層巖

乘影去皓月欲逝鞭雲飛魚變成龍潭有魚風導林

虎故從風風來有迹去無跡月前顧後每是前烟遮

去路踏無跡雲加峰上尺不高山在人多不曰仙十

爲皆丁未謂軍月夜溪石去雲數風庭花枝舞蝴尺

人入旁中風出外舟行岸頭山來水

花扉自開春風來竹籬輝踈秋月去影沉綠水衣無

濕鏡對佳人語不和勿水脫乘美利龍問門犯虎邦

無樹

半月山頭梳傾蓮水面扇

在我爲我而非他不知誠之所致是自知而自怠不
知敬之所爲恐吾心之牾昧不知畏之所爲無罪地
而如罪不知心之得失在今思而非

題書

得難求難實是非難心和氣和以待春和

詠宵

也羞俗娥翻覆態一生高明廣漢殿此心惟有淸風
知送白雲使藏玉面蓮花倒水魚爲鰈月色入海雲
亦地杜鵑花笑杜鵑啼鳳凰臺役鳳凰遊白鷺渡江

八節

不知明之所在遠不求而修我不知德之所在料吾身之化生不知命之所在顧吾心之明明不知道之所在度吾信之一如不知誠之所致數吾心之不失不知敬之所爲暫不弛於慕仰不知畏之所爲念至公之無私不知心之得失察用處之公私

又

不知明之所在送余心於其地不德之所在欲言浩而難言不知命之所在理杳然於授受不知道之所

小事間疑不在馬上寒食非故地欲歸吾家友昔事
義與信方又禮智兀作吾君一會中來人去人又何
時同坐間談願上才世來消息又不知其然非然聞
欲先雲捲西山諸益會善不處卞名不秀何來此地
好相見談且書之意益深不是心泛乆不此又作他
鄉覽友者鹿失篆庭吾何羣鳳鳴周室甭應知
不見天下聞九州空使男兒心上遊聽流覺非洞庭
湖坐榻疑在岳陽樓吾心極思杳然間疑隨太陽流
照影

應有知地上神仙聞爲近此日此時靈友會大道其

中不知心

偶吟

南辰圓滿北河回大道如天脫劫灰鏡投萬里眸先

覺月上三更意忽開何人得雨能人活一世從風任

去來百疊塵埃吾欲滌飄然騎鶴向仙臺清宵月明

無他意好笑好言古來風人生世間有何得問道今

日授與受有理其中姑未覺志在賢門必我同天生

一萬民道又生各有氣像吾不知通于肺腑無違志大

玆到當來節不待自然來春風吹去夜萬木一時知

一日一花開二日二花開三百六十日三百六十開

一身皆是花一家都是春

瓶中有仙酒可活百萬人釀出千年前藏之備用處

無然一開封臭散味亦薄今我爲道者守口如此瓶

訣

問道今日何所知意在新元癸亥年成功幾時又作

時莫爲恨晩其爲然時有其時恨奈何新朝唱韻待

好風去歲西北靈友尋後知吾家此日期春來消息

同歸一理他人細過勿論我心我心小慧以施於人
如斯大道勿誠小事臨勳盡料自然有助風雲大手
隨其器局玄機不露勿爲心急功成他日好作仙緣
心兮本虛應物無迹心修來而知德德惟明而是道
在德不在於人在信不在於工在近不在於遠在誠
不在於求不然而其然似遠而非遠
纔得一條路步步涉險難山外更見山水外又逢水
幸渡水外水僅越山外山且到野廣處始覺有大道
苦待春消息春光終不來非無春光好不來卽非時

之深深兮是濂溪之所樂綠竹之綠綠兮爲君子之
非俗青松之青青兮洗耳處士爲友明月之明明兮
曰太白之所抱耳得爲聲目色盡是閒談古今
萬里白雪紛紛兮千山歸鳥飛飛絕東山欲登明明
兮西峯何事遮遮路

歎道儒心急

山河大運盡歸此道其源極深其理甚遠固我心柱
乃知道味一念在玆萬事如意消除濁氣兒養淑氣
非徒心至惟在正心隱隱聰明仙出自然來頭百事

萬壑千峰高高兮一登二登小小吟明明其運各各
明同同學味念念同萬年枝上花千朶四海雲中月
一鑑登樓人如鶴背仙泛舟馬若天上龍人無孔子
意如同書非萬卷志能大
片片飛飛兮紅花之紅耶枝枝發發兮綠樹之綠耶
霏霏紛紛兮白雪之白耶浩浩茫茫兮淸江之淸耶
泛泛桂棹兮波不興沙十里路遊閑談兮月山東風
北時泰山之峙峙兮夫子登臨何時淸風之徐徐兮
五柳先生覺非淸江之浩浩兮蘇子與客風流池塘

圖來三七字降盡世間魔

座箴

吾道博而約不用多言義別無他道理誠敬信三字

這裏做工夫透後方可知不怕塵念起惟恐覺來知

和訣詩

方方谷谷行行盡水水山山箇箇知松松栢栢青青

立枝枝葉葉萬萬節老鶴生子布天下飛來飛去燕

仰極運兮運兮得否時云時云覺者鳳兮鳳兮賢者

河兮河兮聖人春宮桃李夭夭兮智士男兒樂樂哉

本呪文

侍 天主造化定永世不忘萬事知

立春詩

道氣長存邪不入世間衆人不同歸

絶句

河清鳳鳴孰能知運自何方吾不知
平生受命千年運聖德家承百世業
龍潭水流四海源龜岳春回一世花

降詩

降靈呪文

至氣今至四月來

本呪文

侍 天主令我長生无窮无窮萬事知

弟子呪文

初學呪文

爲 天主顧我情永世不忘萬事宜

降靈呪

至氣今至願爲大降

祝文

生居朝鮮忝處人倫 叩感

天地盖載之恩荷蒙日月照臨之德未曉歸真之路

久沉苦海心多忘失今玆聖世道覺 先生懺悔

從前之過願隨一切之善永 侍不忘道有心學

幾至修煉今以吉朝良辰淨潔道場謹以清酌庶

需 奉請尚

饗

先生呪文

然之理哉

謂復於萬物之不然兮數之而明之記之而鑑之四
時之有序兮胡爲然胡爲然山上之有水兮其可然
其可然赤子之穉穉兮不言知夫父母胡無知胡無
知斯世人兮胡無知聖人之以生兮河一清千年運
自來而復歟水自知而變歟耕牛之聞言兮如有心
如有知以力之足爲兮何以苦何以死烏子之反哺
兮彼亦知夫孝悌玄鳥之知主兮貧亦歸貧亦歸是
故難必者不然易斷者其然比之於究其遠則不然
不然又不然之事付之於造物者則其然其然又其

其然其然又其然之故也然而爲世作之君作之師君者以法造之師者以禮教之君無傳位之君而法綱何受師無受訓之師而禮義安效不知也不知也生以知之而然耶無爲化也而然耶以知而言之心在於暗暗之中以化而言之理遠於茫茫之間夫如是則不知不然故不曰不然乃知其然故乃特其然者也於是而揣其末究其本則物爲物理爲理之大業幾遠矣哉況又斯世之人兮胡無知胡無知數定之幾年兮運自來而復之古今之不變兮豈謂運豈

不然其然

歌曰而千古之萬物兮各有成各有形所見以論之
則其然而似然所自以度之則其遠而甚遠是亦杳
然之事難測之言我思我則父母在玆後思後則子
孫存彼來世而比之則理無異於我思我去世而尋
之則惑難分於人爲人噫如斯之忖度兮由其然而
看之則其然如其然探不然而思之則不然于不然
何者太古兮 天皇氏豈爲人豈爲王斯人之無根
兮胡不曰不然也世間孰能無父母之人考其先則

人或聞流言而修之或聞流呪而誦焉豈不非哉
不惆然憧憧我思膽日不功彬彬聖德或恐有誤是
亦不面之致也多數之故也遠方照應而亦不堪相
思之懷近欲叙情而必不無指目之嫌故依此章布
以示之賢我諸君愼聽吾言大抵此道心信爲誠以
信爲誠人而言之言之其中曰可曰否取可退否再
思心定定之後言不信[illegible]信如斯修之乃成其誠誠
與信兮其則不遠人[illegible]久成先信後誠吾今明論豈
非信言敬以誠之無[illegible][illegible]解

聖之所教修心正氣惟我之更定一番致祭永侍之
重盟蕩惑罷去守誠之故也衣冠定齊君子之行路
食手後賤夫之事道家不食一四足之惡肉陽身所
害又寒泉之急坐有夫女之防塞國大典之所禁卧
高聲之誦呪我誠道之太慢然而肆之是爲之則美
哉吾道之行投筆成字人亦疑王義之跡開口唱韻
孰不服樵夫之前儀咎斯人愆不及石氏之貴極誠
其見更不羨司曠之聰容貌之幻態意仙風之吹臨
宿病之自效忘盧醫之良名雖然道成德立在誠在

而煉之莫非自然覺來夫子之道則一理之所定也論其惟我之道則大同而小異也去其疑訝則事理之常然察其古今則人事之所爲不意布德之心極念致誠之端然而彌留更逢辛酉時維六月序屬三夏良朋滿座先定其法賢士問我又勸布德腦藏不死之藥弓乙其形口誦長生之呪三七其字開門納客其數其然肆筵設法其味其如冠子進退怳若有三千之班童子拜拱倚然有六七之詠年高於我是亦子貢之禮歌詠而舞豈非仲尼之蹈仁義禮智先

書無工課之篤意墜青雲之地家産漸衰未知末稍之如何年光漸益可歎身勢之將拙料難八字又有寒飢之慮念來四十豈無不成之歎巢穴未定誰云天地之廣大所業交違自憐一身之難藏自是由來擺脫世間之紛撓責去腦海之弸結龍潭古舍家嚴之丈席東都新府惟我之故鄉率妻子還捿之日已未之十月乘其運道受之節庚申之四月是亦夢寐之事難狀之言察其易卦大定之數審誦三代敬天之理於是乎惟知先儒之從命自歎後學之忘却修

之太道一以作歸去來之辭一以詠覺非是之句携
筇理履怳若處士之行山高水長莫非　先生之風
龜尾之奇峰恠石月城金鰲之北龍湫之清潭寳溪
古都馬龍之西園中桃花恐知漁子之舟屋前滄波
意在太公之釣檻臨池塘無違濂溪之志亭號龍潭
豈非慕葛之心難禁歲月之如流哀臨一日之化仙
孤我一命年至二八何以知之無異童子先考平生
之事業無痕於火中子孫不肖之餘恨落心於世間
豈不痛哉豈不惜哉心有家庭之業安知稼檣之役

修德文

元亨利貞天道之常惟一執中人事之察故生而知之夫子之聖質學而知之先儒之相傳雖有困而得之淺見薄識皆由於吾師之盛德不失於先王之古禮余出自東方無了度日僅保家聲未免寒士先祖之忠義節有餘於龍山吾王之盛德歲復回於壬丙若是餘蔭不絶如流家君出世名蓋一道無不士林之共知德承六世豈非子孫之餘慶噫學士之平生光陰之春夢年至四十工知芭籬之邊物心無青雲

道何若是明明也雖我拙文未及於精義正宗然而矯其入修其身養其才正其心豈可有岐貳之端乎凡天地死窮之數道之無極之理皆載此書惟我諸君敬受此書以助聖德於我比之則悅若甘受和白受采吾今樂道不勝欽歎故論而言之諭而示之明而察之不失玄機

何以可也曰吾道今不聞古不聞之事今不比古不
比之法也修者如虛而有實聞者如實而有虛也曰
反道而歸者何也曰斯人者不足擧論也曰胡不擧
論也曰敬而遠之曰前何心而後何心也曰草上之
風也曰然則何以降靈也曰不擇善惡也曰無害無
德耶曰堯舜之世民皆爲堯舜斯世之運與世同歸
有害有德在於 天主不在於我也一一究心則害
及其身未詳知之然而斯人享福不可使聞於他人
非君之所問也非我之所關也嗚呼噫噫諸君之問

想之意也萬事者數之多也知者知其道而受其知
也故明明其德念念不忘則至化至氣至於至聖曰
天心即人心則何有善惡也曰命其人貴賤之殊定
其人苦樂之理然而君子之德氣有正而心有定故
與天地合其德小人之德氣不正而心有移故與天
地違其命此非盛衰之理耶曰一世之人何不敬
天主也曰臨死號天人之常情而命乃在天天生萬
民古之聖人之所謂而尚今彌留然而似然非然之
間未知詳然之故也曰號道者何也曰猶或可也曰

於斯豈可謂以西名之者乎曰呪文之意何也曰至
爲 天主之字故以呪言之今文有古文有曰降靈
之文何爲其然也曰至者極焉之爲至氣者虛靈蒼
蒼無事不涉無事不命然而如形而難狀如聞而難
見是亦渾元之一氣也今至者於斯入道知其氣接
者也願爲者請祝之意也大降者氣化之願也侍者
內有神靈外有氣化一世之人各知不移者也主者
稱其尊而與父母同事者也造化者無爲而化也定
者合其德定其心也永世者人之平生也不忘者 存

而無實然而運則一也道則同也理則非也曰何爲
其然也曰吾道无爲而化矣守其心正其氣率其性
受其教化出於自然之中也西人言無次第書無皂
白而頓無爲 天主之端只祝自爲身之謀身無氣
化之神學无 天主之教有形無迹如思无呪道近
虛無學非 天主豈可謂无異者乎曰同道言之則
名其西學也曰不然吾亦生於東受於東道雖天道
學則東學況地分東西西何謂東東何謂西孔子生
於魯風於鄒鄒魯之風傳遺於斯世吾道受於斯布

而問曰何爲若然也曰吾心卽汝心也人何知之知
天地而無知鬼神鬼神者吾也及汝无窮无窮之道
修而煉之制其文敎人正其法布德則令汝長生昭
然于天下矣吾亦幾至一歲修而度之則亦不无自
然之理故一以作呪文一以作降靈之法一以作不
忘之詞次第道法猶爲二十一字而已轉至辛酉四
方賢士進我而問曰今天靈降臨　先生何爲其然
也曰受其死生不復之理曰然則何道以名之曰天
道也曰與洋道無異者乎曰洋學如斯而有異如呪

愚言之惟爲不見之事以工言之亦爲難狀之言何者於古及今其中未必者也夫庚申之年建巳之月天下紛亂民心淆薄莫知所向之地又有悖違之說崩騰于世間西洋之人道成立德及其造化無事不成攻鬪干戈無人在前中國燒滅豈可無唇亡之患耶都緣無他斯人道稱西道學稱 天主教則聖教此非知天時而受天命耶擧此一一不已故吾亦悚然只有恨生晩之際身多戰寒外有接靈之氣內有降話之教視之不見聽之不聞心尚怪訝修心正氣

論學文

夫天道者如無形而有迹地理者如廣大而有方者也故天有九星以應九州地有八方以應八卦而有盈虛迭代之數無動靜變易之理陰陽相均雖百千萬物化出於其中獨惟人最靈者也故定三才之理出五行之數五行者何也天爲五行之綱地爲五行之質人爲五行之氣天地人三才之數於斯可見矣四時盛衰風露霜雪不失其時不變其序如露蒼生莫知其端或云天主之恩或云化工之跡然而以

敬受此書欽哉訓辭

亦感其言受其符書以吞服則潤身差病方乃知仙藥矣到此用病則或有差不差故莫知其端察其所然則誠之又誠至爲 天主者每每有中不順道德者一一無驗此非受人之誠敬耶是故我國惡疾滿世民無四時之安是亦傷害之數也西洋戰勝攻取無事不成而天下盡滅亦不無脣亡之歎輔國安民計將安出惜哉於今世人未知時運聞我斯言則入則心非出則巷議不順道德甚可畏也賢者聞之其或不然而吾將慨歎世則無奈忘略記出諭以示之

命心常悚然莫知所向矣至於庚申傳聞西洋之人
以爲 天主之意不取富貴攻取天下立其堂行其
道故吾亦有其然豈其然之疑不意四月心寒身戰
疾不得執症言不得難狀之際有何仙語忽入耳中
驚起探問則曰勿懼勿恐世人謂我 上帝汝不知
上帝耶問其所然曰余亦無功故生汝世間敎人此
法勿疑勿疑曰然則西道以敎人乎曰不然吾有靈
符其名僊藥其形太極又形弓弓受我此符濟人疾
病受我呪文敎人爲我則汝亦長生布德天下矣吾

布德文

盖自上古以來春秋迭代四時盛衰不遷不易是亦
天主造化之迹昭然于天下也愚夫愚民未知雨露
之澤知其無爲而化矣自五帝之後聖人以生日月
星辰天地度數成出文卷而以定天道之常然一動
一靜一盛一敗付之於天命是敬天命而順天理者
也故人成君子學成道德道則天道德則天德明其
道而修其德故乃成君子至於至聖豈不欽歎哉又
此挽近以來一世之人各自爲心不順天理不顧天

東京大學

東經大全

癸未仲夏慶州開刊東經大全

수운선집
용담유사·동경대전

초판 발행 2019년 3월 5일
초판 2쇄 2023년 8월 30일

옮긴이 김인환
펴낸곳 고려대학교출판문화원
www.kupress.com
kupress@korea.ac.kr
(02841) 서울특별시 성북구 안암로 145
Tel 02-3290-4230, 4232
Fax 02-923-6311
찍은곳 네오프린텍(주)

ISBN 978-89-7641-988-0 93000

값 22,000원
※ 잘못 만들어진 책은 바꿔드립니다.